THE

EVERYTHING®

TV WORD SEARCH BOOK

Dear Reader,

If you're like me, you have a brain stuffed full of TV trivia from over the years. Now you can finally put all of that knowledge to good use with the word search puzzles in this book! In creating these puzzles, I've run into old friends like *Mork & Mindy*, *Charlie's Angels*, and *Perry Mason*. Of course, I've also included newer faces like *The Sopranos*, *Two and a Half Men*, and *Big Brother*. Television is a mirror that reflects society and this book celebrates all of it.

I think that puzzles are a great alternative to watching TV. They require active participation and give your brain an entertaining workout. Like TV, word search puzzles are relaxing. They gently focus our minds on a goal that is challenging but never insurmountable. So the next time there is nothing on TV (or if you want something to do while you watch), grab a pencil and start searching!

Charles Timmann

T0057387

Welcome to the EVERYTHING® Series!

These handy, accessible books give you all you need to tackle a difficult project, gain a new hobby, comprehend a fascinating topic, prepare for an exam, or even brush up on something you learned back in school but have since forgotten.

You can choose to read an *Everything*® book from cover to cover or just pick out the information you want from our four useful boxes: e-questions, e-facts, e-alerts, and e-ssentials. We give you everything you need to know on the subject, but throw in a lot of fun stuff along the way, too.

We now have more than 400 *Everything*® books in print, spanning such wide-ranging categories as weddings, pregnancy, cooking, music instruction, foreign language, crafts, pets, New Age, and so much more. When you're done reading them all, you can finally say you know *Everything*®!

PUBLISHER Karen Cooper

DIRECTOR OF ACQUISITIONS AND INNOVATION Paula Munier

MANAGING EDITOR, EVERYTHING SERIES Lisa Laing

COPY CHIEF Casey Ebert

ACQUISITIONS EDITOR Lisa Laing

EDITORIAL ASSISTANT Hillary Thompson

Visit the entire Everything® series at *www.everything.com*

THE EVERYTHING® TV WORD SEARCH BOOK

A new season of TV puzzles—
with no reruns!

Charles Timmerman
Founder of Funster.com

Adams Media
New York London Toronto Sydney New Delhi

Dedicated only to Suzanne.

adamsmedia
Adams Media
An Imprint of Simon & Schuster, Inc.
57 Littlefield Street
Avon, Massachusetts 02322
Copyright © 2009 by Simon & Schuster, Inc.

All rights reserved, including the right to reproduce this book or portions thereof in any form whatsoever. For information address Adams Media Subsidiary Rights Department, 1230 Avenue of the Americas, New York, NY 10020.

An Everything® Series Book.
Everything® and everything.com® are registered trademarks of Simon & Schuster, Inc.

ADAMS MEDIA and colophon are trademarks of Simon and Schuster.

For information about special discounts for bulk purchases, please contact Simon & Schuster Special Sales at 1-866-506-1949 or business@simonandschuster.com.

The Simon & Schuster Speakers Bureau can bring authors to your live event. For more information or to book an event contact the Simon & Schuster Speakers Bureau at 1-866-248-3049 or visit our website at www.simonspeakers.com.

Interior illustrations by Barry Littmann

Manufactured in the United States of America

13 2021

Library of Congress Cataloging-in-Publication Data has been applied for.

ISBN 978-1-60550-046-1

This publication is designed to provide accurate and authoritative information with regard to the subject matter covered. It is sold with the understanding that the publisher is not engaged in rendering legal, accounting, or other professional advice. If legal advice or other expert assistance is required, the services of a competent professional person should be sought.

—From a *Declaration of Principles* jointly adopted by a Committee of the American Bar Association and a Committee of Publishers and Associations

Many of the designations used by manufacturers and sellers to distinguish their products are claimed as trademarks. Where those designations appear in this book and Simon & Schuster, Inc., was aware of a trademark claim, the designations have been printed with initial capital letters.

Contents

Introduction / vii

Chapter 1: Classic TV Shows / 2

Chapter 2: Dramas / 15

Chapter 3: Sitcoms / 30

Chapter 4: Cops and Detectives / 46

Chapter 5: Medical Shows / 57

Chapter 6: Reality TV / 69

Chapter 7: Sci-Fi and Paranormal Shows / 80

Chapter 8: Animated TV / 92

Chapter 9: Sports on TV / 105

Chapter 10: TV Through the Years / 121

Chapter 11: TV Stars / 128

Chapter 12: TV Trivia / 135

Chapter 13: TV Award Winners / 143

Answers / 153

Acknowledgments

I would like to thank each and every one of the more than half a million people who have visited my website, *www.funster.com*, to play word games and puzzles. You have shown me how much fun word puzzles can be, and how addictive they can become!

For her expert help and guidance over the years, I owe a huge debt of gratitude to my agent Jacky Sach.

It is a pleasure to acknowledge the folks at Adams Media who made this book possible. I particularly want to thank my editor, Lisa Laing, for so skillfully managing the many projects we have worked on together.

Last, but certainly not least, a very special thanks to Suzanne and Calla.

Introduction

▶ THE PUZZLES IN THIS BOOK are in the traditional word search format. Words in the list are hidden in the grid in any direction: up, down, forward, backward, or diagonally. The words are always found in a straight line and letters are never skipped. Words can overlap. For example, the letters at the end of the word "MAST" could be used as the start of the word "STERN." Only the letters A to Z are used, and any spaces in an entry are removed. For example, "TROPICAL FISH" would be found in the grid as "TROPICALFISH." Draw a circle around each word that you find in the grid. Then cross the word off the list so that you will always know what words remain to be found.

A favorite strategy is to look for the first letter in a word, then see if the second letter is in any of the eight neighboring letters, and so on until the word is found. Or instead of searching for the first letter in a word, it is sometimes easier to look for letters that standout, like Q, U, X, and Z. Double letters in a word will also standout and be easier to find in the grid. Another strategy is to simply scan each row, column, and diagonal looking for any words.

PUZZLES

CHAPTER 1: Classic TV Shows

Bewitched

V X Y P M O R T A L S I T C O M M E M A
A T P J R D T F D C D O O W R E D R Y T
D Q O M N I D A F A M I L Y G G K Y A F
D K W O U N N R D G P A R N N A P T B S
C T E D A G I C V G R D I H E I E A M Y
L W R B H N X H E R R H S J I R M B O N
H L S V C I B C Y A C T Y C G R V I B W
H U V A E S J T Z T R E N C H A N T R A
H V Y S R I A I I U A T I O B M Z H D R
U Q O F P T W W E J U A W M O O L A I L
H N P X E R T L M P N T T E R T S N C O
F S C X L E O H A B T E N D S H G B K C
A B E L U V S D D L C S L Y J E Q F Y K
N A J V E D L S A S L I D P U R Z Q O S
T G M E I A N Z O P A U L L Y N D E R L
A J B E R T R T L B R O O M S T I C K L
S U P E R N A T U R A L Q J Z E F I W E
Y X M T Y X L L H E P Z I B A H Z G K P
Z S O L S A K S E U M O O S K E E A L S
E N D O R A J B G R R O A M A H O M E S

ADAM
ADVERTISING
AUNT CLARA
BOSS
BROOMSTICK
COMEDY
DERWOOD
DICK YORK
DR BOMBAY
ENCHANTRA
ENDORA
ESMERALDA
FAMILY
FANTASY
HEPZIBAH
HOME
HUSBAND
LARRY TATE
LEPRECHAUN
LOUISE TATE
MAGIC
MARRIAGE
MORTALS
MOTHER
NEIGHBORS
NOSE
PAUL LYNDE
POWERS
PRINCE
RELATIVES
SITCOM
SOL SAKS
SPELLS
SUPERNATURAL
TABITHA
TRUE LOVE
TWITCHING
UNCLE ARTHUR
WARLOCKS
WIFE
WITCHCRAFT
WIZARDRY

Solution on page 154

Sesame Street

Q L K Q P G N I G N I S D Y F Z L E Q T
B L B O B A E B E O H P E W P A P U E B
T X D E F P P Z O E Y L A R N R E L J T
C A E N R B E A R E I R A O S L L B M X
B R R I Q T Z L B M R I I V Z Y U T S H
U E E T K Z O T S E R T L Z M O S A U N
X P V S L C C Y N I A Q A O S L I F N O
B O O E K K U W E C R R N C L U U Q F S
G O R N I G O D U E F S A I V I L O F N
O H G R T L A D R M T R P A J Y O M L E
Z R L E F W E Q R E T S N O M Y R R E H
U M C V N P I B R H B E T T Y L O U U M
S F W S V M F D E P D B S T E P P U P I
F L R D D A O G D K S G U G R Q M M A J
E U N Q R N R B H L A G O R D O N A G Y
F F Z L M O E Q Z L E M G A M E S R U G
Z F E U U H F I R A E B Y L R U C I S Z
N Y S C T M V M R L L M U J N Y V E T N
U I H I V M W F U F F B I G B I R D E A
C Q W A V Q K N Y M N A T A S H A E G T

BERT
BETTY LOU
BIG BIRD
BOB
CURLY BEAR
DON MUSIC
EDUCATIONAL
ELMO
ERNESTINE
FARLEY
FAT BLUE
FLUFFY
FRAZZLE
FRIENDS
GAMES
GORDON
GROVER
GUY SMILEY
HERRY MONSTER
JIM HENSON
LUIS
MAKE BELIEVE
MARIE
MR HOOPER
MUMFORD
NATASHA
OLIVIA
OSCAR THE GROUCH
PAPA BEAR
PBS
PHOEBE
PRAIRIE DAWN
PUPPETS
ROSITA
RUBBER DUCKIE
SHERLOCK
SINGING
SUNFFLEUPAGUS
TELLY MONSTER
TWIDDLEBUGS
WARREN WOLF
ZOE

Solution on page 154

Cheers

Y H H T Q Q S N N Q L P R G Q Y A D R R
G E F L Q R H C A O C E N O P M R L E E
G P I H U B L U O M G O B L T E A H L D
M F N X W G D T A Q L R Q T D C C L I S
Y S A S J T S L S Y S R H N C T A U L O
W D L R D F C B E A E E E R I B U P I X
S J E E F O R L Q G M T L P E L N T T H
Z A J M H Z L A A E R M B S A L I V H O
K A Z O O E G N S A K O A M C E T N Z W
V H L T H C A O B I S B T L C U H D Z L
X R J S R M N D T T E Y L R O Y Z R I T
V M R U O G G U O N V R O E U N Q I U W
F Y R C H K W N F O A O O G N R E N W O
I S S O S E C A R E F R P U T J Z K Y S
J L T B N A M L I A M F U L A E X I N J
T E R O M A N C E T E D D A N S O N P X
L U O A M D S I N N R G R R T C V G M C
A H P B B C V Y D P O E J S T S R E U Y
N Q S M A Q D C S T E L S N U B E C L N
I X Y N D O J U D B O H O S B C A R L A

ACCOUNTANT
ACTOR
ALCOHOL
BARTENDER
BASEBALL
BEER
BOSTON
CARLA
COACH
COMEDY
CUSTOMERS
DRINKING
FINALE
FOOD
FRASIER
FRIENDS
GANG
LILITH
MAILMAN
MANAGER
NBC
NORM
OWNER
PITCHER
POOL TABLE
PUB
RED SOX
REGULARS
RESTAURANT
RHEA PERLMAN
ROMANCE
SAM MALONE
SHELLEY LONG
SPORTS
STOOL
TED DANSON
THEME SONG
WAITRESS

Solution on page 154

Christmas Specials

S N L X B V Y F V B C F D A S H E R L S
G D Z V N A Q B S K D I J O A P N E U T
S N D I C K E N S C A R G L R O Z T T U
N F I O D H M E A O A V L A I P Y M Y N
E B H P N R C R B J R M N T M O G T R A
X L E P P N T N N B A C A H B P S W E E
I M V H L O E T I R E M G R D O M C V P
V T O E O O H R K R I Z E N R O A L N E
D I L N S C D S N N G M A F I K I S E R
E R S J N B H U A I M L F Q C B L L D R
Q I H U O L O A R U R J A S I Y L R N Y
Y P W O T L L O R A C S A M T S I R H C
U S W S L X L D G L M S H S B B W E O O
N L O U A I E Y A A I Q S S U E Y B J M
W E K V W L D P C N M E U U C L D M X O
M I Z I T U I A O T C R B I E L N E Q N
T G U T J W P U Y H E E M R X S A C C U
I H I S I Z U Q G M B M R Q O G R E W E
T L L E C L C C S C R O O G E W E D Y Z
Y G I F T S B W V G K Z B C W O N S W D

ANDY WILLIAMS
ANIMATION
BELLS
BING CROSBY
BLITZEN
BOB HOPE
CARTOONS
CHARLIE BROWN
CHRISTMAS CAROL
COMET
CUPID
DANCER
DASHER
DECEMBER
DICKENS
DONNER
DR SEUSS
ELVES
FESTIVUS
FROSTY
GIFTS
GRINCH
HALLMARK
HOLIDAY
ICE
JOHN DENVER
JOLLY
JUDY GARLAND
LITTLE DRUMMER BOY
LOVE
MAGIC
MR MAGOO
PEANUTS
PERRY COMO
PRANCER
RANKIN BASS
RUDOLPH
SCROOGE
SHOPPING
SLEIGH
SNOW
SPIRIT
VIXEN
WALTONS

Solution on page 154

Dallas

Z Y L Y D C Q Q A H R A M A R D Y V S H
D R N J R K O R V X H P W E A L T H G W
F E D A W A N N E J Z Y W P G N Z V K Z
O T G E M W L A R E P O P A O S R G W B
W S Z N E E Y U E A H Y R M G I D I C S
D Y A X I R R E P S Y Y K I G A L A B L
Y M P X O M A O R O S K N S S L R N U A
C X H S E F E N F G P Y R S I T P C S E
P Q K P W T F H N F A S D E E P Y A I D
A L C O H O L I C O M D J L B E X T N R
M U R D E R W U C S D O N L W B F T E E
E O I L W E L L S E E H G I H D S L S A
W S Y P K V J E E B C Q N E L G R E S M
I H H C N A R N R I R G N I K N I R D O
N S O U T H F O R K O I N T R I G U E N
G J F R Q Y T I B L V M P P Q T G Y L E
Z Z E P S H S S F R I N P A J H Z U D Y
G W U A E E O N R O D E O G M G O X W M
P D D R C B S A O F S H O O T I N G X B
Q A S Y A F A M I L Y T M Z N F W Z U H

ALCOHOLIC
BROTHERS
BUSINESS
CARTEL
CATTLE
CBS
DEALS
DIVORCE
DONNA REED
DRAMA
DREAM
DRINKING
FAMILY
FEUDS
FIGHTING
FOREMAN
GARY
HORSES
INTRIGUE
JENNA WADE
JOCK EWING
LINDA GREY
LUCY EWING
MANSION
MISS ELLIE
MONEY
MURDER
MYSTERY
OFFICE
OIL WELLS
PAM EWING
POPULAR
RANCH
RAY KREBBS
RICH
RIGS
RODEO
SCHEMING
SHOOTING
SHOWER
SOAP OPERA
SOUTHFORK
TEXAS
WEALTH
WILLIE JOE

Solution on page 154

60 Minutes

V H V B I S S U E S G T R E P O R T S A
B S C T T Y Z C O G N I N O I T S E U Q
S E L I F O R P O E E A L X T U G J Z R
U G U C O C Y G M T R I U H P I V Y Y M
N M K K R P L N O G T N Z U E X D O J A
D E C I K Y R O U I R P R O D U C E R M
A N K N E E G M C C E L E B R I T I E S
Y T B G V D E I U K H W K L X R V N A I
J S K O E N A E M C T T Q Q L S Y T A L
N X G C T N N D V A A R P J S E B E C A
E E P S S Y C O A E R T U E N R Y R O N
T M R P E O H C O Q N G T O D I D V R R
W H I T E H O U S E A I O I H E J I R U
O C M D P H R M D N D R N R W S Y E U O
R R E C B S N E W S Y F B G P E O W P J
K A T X D Q T N C D Y T J C M C H S T M
N E I I G A V T N O I T A M R O F N I I
A S M I I F C A M E R A B O B S I M O N
B E E L L B B R O A D C A S T O P S N D
W R S S T I J Y E L D A R B D E W J G A

ANCHOR
ANDY ROONEY
ARGUMENTS
BOB SIMON
BROADCAST
CAMERA
CBS NEWS
CELEBRITIES
CLOCK
CORRUPTION
DAN RATHER
DEPTH
DETAILS
DOCUMENTARY
DON HEWITT
ED BRADLEY
EDITOR
EVENING
GOVERNMENT
HOUR
INFORMATION
INTERVIEWS
ISSUES
JOURNALISM
NETWORK
POLITICIANS
PRIME TIME
PRODUCER
PROFILES
PROGRAM
QUESTIONING
REPORTS
RESEARCH
SCOTT PELLEY
SEGMENTS
SERIES
STEVE KROFT
SUNDAY
TICKING
WHITE HOUSE

Solution on page 154

The Partridge Family

S G E D S Z M Q Q I F F M L U O J F X U
S F Z S G T G Z Y K G P M E V B L K W R
D A A J N R R K Z N J D U V I A F S J S
B F Y P O A E E I M S W E A U R I Z L M
E J H U S I F G C H I L D R E N D L O T
F D P Z T I N Y A N W D I T G R I P J S
F A S H U I D P Q N O E X L A S W I N I
C O U E S O X P B G A C E O W G F A G R
D R I V I N G A S T A M B O U R I N E H
I B A Y T T N H B J O Y C X B C I O N C
S U B S G D N T J M E E G D I R T R A P
T J M R S V A E U K M C I S U M P O P J
X K A S O Y D G V K B H U O K B A Y G L
O W S M A T E N E E T M T V C F D A G O
C Q S F O L H D W X S D R O C E R U M K
U N O Y B T E E N I D O L E M A I A T S
W K P B V W H T R A T P R O G T T M J Y
R X U D B P L E I S S K C E A L B U M O
N B K D J I P M R W Z U D R U M S S A B
H O U Y I H J F E K I D S T I H O M E U

ALBUM
BANDS
BASS
BOYS
BROTHERS
BUBBLEGUM
CHILDREN
CHRIS
COMEDY
CONCERTS
COWSILLS
DOG
DRIVING
DRUMS
FANS
GARAGE
GET HAPPY
GUITARS
HITS
HOME
KEITH
KEYBOARD
KIDS
LAURIE
MANAGER
MOTHER
MUSICIANS
PARTRIDGE
PIANO
POP MUSIC
RECORDS
ROAD
SEVENTIES
SINGING
SINGLE MOM
SONGS
SUSAN DEY
TAMBOURINE
TEEN IDOL
TOURING
TRAVEL

Solution on page 155

The Wonderful World of Disney

F K R W O O O T U L P E T E R P A N R O
Q X R H L G F S C T R O L O C J W O L I
Q E E L D E E W T T E K C O R C Y V A D
L P H U O A K Y I R N V D A J K G P F U
O D P F P A S N O F S R L U H B A S Y T
G O O H E D K Y F N I L N F M O A N D S
N O G S Y E E J A R E G F N S B N M G Q
O W V A R E Z A A R L E C F V C O T B A
P Y B B P F Q X E E E I U N Q S G Z A I
I L E E F I W D B T A S G Q U D D Y A S
G L E H T U N O V C H M N G L Q D N F A
L O K O K I O O C N C H R O Y I I W A T
E H R N C K H Z C A I U T Z O M V N V N
T J E E U W P W H C M A D H A T T E R A
Y M G H D S S Y W P H G W T U H R R G F
Z K G O Y N L A Y O E I I W O M E A S U
E G I U S E U E C U N O O L A Y P M C I
E T T R I U U O E J N S O B E L L E V A
N I D D A L A H L P H G V U B I T S R I
S Z Y E D A G O O F Y P D F F U S N S K

ALADDIN
ANIMATION
ANTHOLOGY
BAMBI
BASHFUL
BELLE
CARTOONS
CINDERELLA
COLOR
DAISY DUCK
DAVY CROCKETT
DOPEY
DUEY
DUMBO
EEYORE
EVIL QUEEN
FANTASIA
FILMS
FLOUNDER
GOOFY
GOPHER
GRUMPY
GUS
HOLLYWOOD
HUEY
JUNGLE BOOK
KANGA
MAD HATTER
MICHAEL EISNER
ONE HOUR
PETER PAN
PIGLET
PINOCCHIO
PLUTO
POCAHONTAS
PONGO
SLEEPY
SNEEZY
SNOW WHITE
STUDIO
THUMPER
TIGGER
TINKERBELL
TWEEDLEE
WALT

Solution on page 155

Meet the Press

C A B I N E T O M B R O K A W Q H M L H
V S S S E R G N O C I T Y U H K I C Y Z
E L B A T D N U O R P R E S I D E N T J
C T Y O D T I M R U S S E R T A J W O J
O S A Q I V N S E D D U M R E G O R H U
N S D N R O N C T Y D U H T H V N B C D
O C N O E S U Z H R C L Y U O H B O E I
M I U L O S R T E R I C A T U E M M B C
I T S A R V T I T L I C E S S M O G N I
C I B M N H S N A L E S T T E C A A H A
S L L Q O T E V O F G C W N R R C I U L
E O A R M R G P J I F O T A R I S D W A
I P K E L Q N X V S S A T I L M H E E C
T L N K L G O I P D T S C B O L S M I I
R A I A I W L I N O E K U I S N A M V P
A T V E B T V S R G U P U C L X S C R O
P F R P E A L S U T E D W F S B C E E T
B O A S K L Z U L R P E U A M I U O T C
F R M H A K N E D B R O O K S B D P N A
A M Q W P P Y S T A T E S X P P E R I L

BILL MONROE
CABINET
CHRIS WALLACE
CITY
COMMENTATORS
CONGRESS
DEMOCRAT
DISCUSSION
DISTRICT
ECONOMICS
ELECTIONS
FOREIGN POLICY
GARRICK UTLEY
INTERVIEW
ISSUES
JUDICIAL
LONGEST RUNNING
MARVIN KALB
MEDIA
MORNING
NBC
NED BROOKS
PARTIES
PLATFORM
POLITICS
PRESIDENT
PUBLIC AFFAIRS
REPUBLICAN
ROGER MUDD
ROUNDTABLE
SENATE
SPEAKER
SPIVAK
STATES
SUNDAY
TALK
TIM RUSSERT
TOM BROKAW
TOPICAL
VETO
VOTE
WHITE HOUSE

Solution on page 155

All in the Family

O Y X F E A U N L D I T R H I C Z F Y W
G R U M P Y Y S L S W Q E C H G N O F R
O X K Q R D G N L U T D A I R O T S A Y
L I O N E L O A F S D A E H T A E M L N
V U Q M J D Q L I Y Z W C O L L E G E Z
O Q O J U R C C O B U R G L A R S Q E D
K C N R D N A B S U H G H U I E C H X M
W J A T I R S J E K I M I C N G I I U V
D D I O C R S Q I N G S A J S A T P Y E
Z W P H E R O B R E I N E R U I I P A F
L P A K A C Y L I M A F O J L R L I M I
Z I N G O P N K N V F E Z S T R O E O W
R U I U J Y B A J E D J D C E A P I C E
B C P G Z I K V R S K A R G U M E N T S
H L R L G O R S N O U O Q Z N T E A I U
E G R O E G O Y D G N W P U O B V H S O
N M T R K N Y M H P T G R S E A E P T H
R D K I S Q W T A B G N I D T E R E E T
Y R M A N T E I V N B P K S Q U N T R Z
F S Q D K R N I X O N F X Y D M O S H R

AMERICAN
ARGUMENTS
ASTORIA
BEER
BIGOT
BUNKERS
BURGLARS
CHAIR
CIGARS
COLLEGE
COMEDY
COUPLE
DAUGHTER
DINGBAT
FAMILY
GEORGE
GLORIA
GRUMPY
HENRY
HIPPIE
HOUSEWIFE
HUSBAND
IGNORANCE
INSULT
JEFFERSONS
LIONEL
LOUISE
MARRIAGE
MEATHEAD
MIKE
NEW YORK
NIXON
OUTSPOKEN
PIANO
POLITICS
PREJUDICE
QUEENS
RACIST
ROB REINER
SITCOM
STEPHANIE
THEME SONG
VIETNAM

Solution on page 155

The Beverly Hillbillies

A G T P T T P L Q J A P O B R V N R G C
P E A R L D U R C O O Z A R K S T K R H
P W U D E H U O W P R K E Q Z X H I E K
E C C A E R M H O Q U T P C E Q T N E L
K L V I C E U S R M A L M O V T S F D M
D X L S D V S N B T A F A U E E Q O Y X
I U H Y U U Q N S F H N W R L J G L T O
M Y T M M F F E S A N P S T U R P K I X
C D L C N A B N N N E E T I A R M G C L
G K A I O M Y I O A O I I N O P I Y Z U
B I E N M U M R V S V B D G T N L S Q G
T T W D C A N H A K N M B E H O L N M I
V C N A L E F T R T A O N I H B I P Q S
Z H Y S D U K E R K E N I H S N O O M E
S E K H M S N J F Y E R G T T H N R M N
G N I T N U H Q J S E I C A O D S W S A
R S H O T G U N S K L C O E R P G N S V
C D X R A E B E N A E H W S S O G V Q H
J M O Y J T E A W A M O N E Y P O L A J
E F N Y Z A B V W S U U H E M G D M R X

ANIMALS
BANKER
BEAR
CITY
COMEDY
COUNTRY
COURTING
CRITTERS
DAISY
DANCE
DASH
DOG
DUKE
ELLY MAY
ESTATE
FAMILY
FORTUNE
GRANDMA
GREEDY
HUNTING
JALOPY
JETHRINE
KANGAROO
KINFOLK
KITCHEN
MANSION
MILLIONS
MONEY
MOONSHINE
NEIGHBORS
OPOSSUM
OZARKS
PEARL
POTIONS
RERUNS
RICH
RURAL
SECRETARY
SHOTGUN
SNOBBISH
SWAMP
TENNESSEE
TRUCK
VITTLES
WEALTH

Solution on page 155

The Brady Bunch

T A B E P S O H L M N Q P I L P A X U O
J P N G X E A E O P I R Z Q Z T T V C O
J U F U I B H M C M T K B M U L P E V E
I W Z J B P H C O S T C E T I H C R A O
X W Y W W H I O V W C R E F R I E N D S
A H F S A S I B U N K B E D S Z A H Y L
U P Z M U D K G F S M L A P R J V B E V
A A I M S B H A H A E K L C V I B N F S
G R A P A I U B R S Y K S A K O V O L X
F E W J U L B R S H C U E I B Y L I S E
A N T M E G I O B C L H D E S T A J N O
I T T I J A N C H I N I O S P T O R X G
C S R U G S L I E S A O A O G E E O D Z
R J R E B E L O W M I K K I L P R R F T
A E W E H D R E U O M N P E G G E G S U
M C W G H C C G Z S R E G A N E E T G B
T I Q O Z T T T P E Y G K I D S R N S O
O N O Z D L O U T Q O P T Z N K M G L Y
U D X Y P I P R B D C A R O L G I R L S
D Y G P Q V W N B N D B G U H E S Z B M

ABC
ALICE
ARCHITECT
BACKYARD
BOBBY
BOYS
BROTHERS
BUNK BEDS
BUTCHER
CAROL
CHILDHOOD
CINDY
DATING
DOG
DRIVING
EVE PLUMB
FOOTBALL
FRIENDS
GIRLS
GREG
GROWING UP
HIGH SCHOOL
HOUSEKEEPER
JAN
JEALOUSY
KIDS
LIFE LESSONS
MAID
MARCIA
MARRIAGE
MIKE
MOM
MUSIC
PARENTS
PETS
PIGTAILS
SAM
SINGING
SISTERS
SUBURBIA
TEENAGERS
TIGER
WIDOWER

Solution on page 155

I Love Lucy

B G I L E Y S J E O Y B U L C T H G I N
J X O Q W C O W L R W Y G N I N W O L C
P N K H I L N A L O A L O E N E C E J F
Z V B K H D N A I J C D M W G M H N Y W
L R Y T E D F I V F K M I Y J T A N G O
N F H R L W F O E G Y E I O E R P Q N L
A J F O A X D Z D S E R W R D A O S U K
U K R P A R M P U X M T Z K G P S C U S
G D S I A T S L A S M Z A N R A I S E D
S D N C M C O N V E Y O R B E L T P X N
F B I A I I B N O X E N R S L U Q A P E
I R T N B T A A A I O L D E C N V N E I
Y S R A Y S N M N B T Z B I R K O I C R
E W I A G E U A I D U A T U C U G S T F
E G C N T B L H V B L C U G O A N H I Z
T D K R G C G W B L E E T T F R T A N F
Y K S P R E G N A N T A A J I F T E G J
V R G H D Z R D N R X H C D R S Z B D I
D O O W Y L L O H J F W X H E C Z D G S
X J O I C H C E N O T S N W O R B J J W

ANTICS
APARTMENT
BANDLEADER
BROWNSTONE
CLOWNING
CONNECTICUT
CONVEYOR BELT
CUBAN
DESI ARNAZ
EMMY
ETHEL
EXPECTING
FRAWLEY
FRED
FRIENDS
HOLLYWOOD
HUSBAND
LANDLORDS
LUCILLE BALL
MERTZ
MIAMI BEACH
NEW YORK
NIGHTCLUB
PREGNANT
RADIO
RERUN
RICARDO
SINGER
SITUATIONS
SON
SPANISH
SYNDICATED
TANGO
TRICKS
TROPICANA
TROUBLE
VANCE
VAUDEVILLE
WACKY

Solution on page 156

CHAPTER 2: Dramas

Drama Shows

M T S E N Y T P M E L P R A M S S I M Y
T C P B W P A R T Y O F F I V E T J F S
P S H C A E B A N I H C U B S C H K L E
V R E U N I O N C E A N D A G A I N I E
D A W S O N S C R E E K H D O L R O P R
F M R D P T T A G T H G E A N P T T P T
N A V E O W O K I I C R A B O E Y S E N
T C T A D I N S L D T E R G S S S L R I
H I F D O N P I M S A S T N E O O A Q N
E N E L O P U S O E W C B I O R M N U E
S O L I F E B T R C Y U R K G L E D E M
O R I K L A L E E N A E E A E E T I E A
P E C E U K I R G E B M A E F M H N R D
R V I M O S C S I F F E K R I O I G A M
A Y T E S X O L R T E X H B L K N N S E
N M Y S O C A L L E D L I F E C G A F N
O W G K K R A H S K O C G S Q O T M O V
S A V I N G G R A C E T H E N I N E L J
J T H E W E S T W I N G D E X T E R K D
T H E S H I E L D P A C I F I C B L U E

BAYWATCH
BOSTON PUBLIC
BREAKING BAD
CHINA BEACH
DAWSONS CREEK
DEAD LIKE ME
DEXTER
EMPTY NEST
FELICITY
FLIPPER
GILMORE GIRLS
HEARTBREAK HIGH
JAG
JOAN OF ARCADIA
KNOTS LANDING
LIFE GOES ON
MAD MEN
MELROSE PLACE
MEN IN TREES
MISS MARPLE
MY SO CALLED LIFE
ONCE AND AGAIN
PACIFIC BLUE
PARTY OF FIVE
PICKET FENCES
QUEER AS FOLK
RESCUE ME
REUNION
SAVING GRACE
SHARK
SISTERS
SIX FEET UNDER
SOUL FOOD
THE NINE
THE SHIELD
THE SOPRANOS
THE WEST WING
THIRTYSOMETHING
TWIN PEAKS
VERONICA MARS

Solution on page 156

Lost

T H L W U U B L Z R X A I Y O E H P J L
M N I N N V U K Z J E U Q G J U N G L E
H T X X O B A T O D C G U O R J H O J M
P Q I I Z T N O N N A H S L U N A A O O
L B E D E X T R O U B L E L O I C M B B
D R A M A F T U E M G Y I P Z K O R E A
Q G I G T N M R B B P E A E N K V A G S
Z D K G Q U I Y R E T S Y M D I Y A S T
P R E Y W A S E C R E T S Z R E S C U E
V O V A I W R Z L S P H I Q O A T P G D
K K L H T I O B B F H G P J T D H H R P
Y T S M A H H A W A I I L E C Q G D A P
Z K E L W T J I N T O L I P O Q L U W N
Z X C W B J C S F D K F Y Y D P L Q N C
B U H L P P O H G X E A A N N O L N U S
M A C E R C G H Y A T I U T N F F E K R
Y M N R M M O N N H Y O I F E E R K N J
L O C F H E Y C F R F E H A S Q P C T N
N M H R C B S D D Z S V K R Y R S O B B
S W U Y K P Q C H A B P C Q N Z P L G A

ABC
BOONE
BUTTON
CLAIRE
DANIEL
DEATH
DHARMA
DOCTOR
DRAMA
EKO
ETHAN
FATE
FLIGHT
FOUND
GUNS
HANSO
HATCH
HAWAII
HOT
HUGO
HURLEY
JACK
JAMES
JIN
JOHN
JULIET
JUNGLE
KATE
KOREA
LOCKE
MYSTERY
NIKKI
NUMBERS
PAULO
PENNY
PEOPLE
PILOT
RAFT
RESCUE
SAWYER
SAYID
SECRETS
SHANNON
TROUBLE
WALT

Solution on page 156

Veronica Mars

K T G J Y K N V W K M M T M O Y V L J L
W Y W B J S Y V S U I N E G E L L O C V
E N R E T H G U A D V E N T U R E W N I
F A M I L Y W B H Q Y G P S O L V I N G
M C B O G A R T B N H I G H S C H O O L
E N W E C E E A F S H E M I R C U V X D
O U T C A S T X C S D P L G A C T I O N
G D Q K S F R H N K U V M I M D I X F P
I L U U A S O O O K E N N R E S P T L U
R P O T B O I V B R C R S L N Y I E E V
E E H G L T K C Y T O L Y S N R E E O U
D E F B A B Q E N F H D I L A E V N N N
R V U L N N O J I A E O P L I T V D K D
U S E I C O B L D T R K M E L S B R F E
M R Q N A K A M E I H F Y A V Y V A R R
R V C J S C O C A R E M M U S M K M I C
S T U D E N T K T L K D A T I N G A E O
D S H E R I F F H D N E I R F Y O B N V
G W E E V I L B H U M O R Q S S H S D E
E S R E L L I K V E V I D E N C E Q S R

ACTION
ADVENTURE
BOGART
BOYFRIEND
BREAK UP
CALIFORNIA
CASABLANCAS
COLLEGE
CRIME
DATING
DAUGHTER
DEATH
DETECTIVE
DON LAMB
DUNCAN
EVIDENCE
FAMILY
FATHER
FRANCIS
FRIENDS
GENIUS
GIRLS
HIGH SCHOOL
HUMOR
JOEL SILVER
KEITH MARS
KILLER
LIANNE MARS
LILLY KANE
LOGAN
MURDER
MYSTERY
OUTCAST
RELATIONSHIP
ROB THOMAS
SCHOOL BUS
SHERIFF
SOLVING
STUDENT
SUMMER
TEEN DRAMA
UNDERCOVER
UPN
WEEVIL

Solution on page 157

Gilmore Girls

H G C E L F Z H P H W C M M Q J A F S D
R F S R Z P Y W M O Q H M K J Y S K R Z
J B C F P T A L X U L S N A N L O A E U
N J X D U K G L I U V V N N X O V T H L
M S N D V F J R I M N N N E B R A D T V
M U N C F F K R L E E K U L A L W M O U
F A M I L Y D R O F T R A H K P L A M I
B C R T O D D L O W E E G I L M O R E W
V G J N P O L I T I C S N E P E G R Y I
Y B T A J N N F I H O G T Q G L A I H R
Y R L M C R O E F O L U G I X A N A T A
J G O O R K I H V E L L B G V Y N G L X
L C M R V E S C B T E H A Y M A Z E A D
W N P W N E N O H G G F R N T O L N E H
T G K E T O A N N A E S F N E O E Y W T
G R M O I R M I I V R L E O R K C D S A
B O U Y R K T G I D F D P E C P I E P E
W Q H K O A O K U Z U M L J E S S M A D
M Z T U D D O O G T T A Y L O R U O S R
O T O K B W C W S A I J T T D R M C U Z

BAND
BOOKS
CHEF
COFFEE
COLLEGE
COMEDY
DATING
DEATH
DINNER
DOG
EMILY
FAMILY
FESTIVAL
GILMORE
HARTFORD
HARVARD
HAY MAZE
JACKSON
JESS
LANE KIM
LOGAN
LORELAI
LOVE
LUKE
MANSION
MARRIAGE
MOTHERS
MUSIC
POLITICS
QUIRKY
QUOTES
RICHARD
ROMANTIC
RORY
SOOKIE
STUDENT
TALKING
TAYLOR
TEENAGE
TODD LOWE
WEALTHY
WOMEN
YALE

Solution on page 157

Soap Operas

C H A N C E S T S E R C N O C L A F S I
J G B T Q U H I D D E N P A L M S O M M
B Q E C A L P N O T Y E P I A N N X L G
A T L N E C H O B E A C H L E E O Q A N
N H L R E S R O T C O D L D L V I I P I
H G B I E R I S E D N M E I H E S R D V
D I I V H L A M A O Y O F N C R S E L O
R L R E Z H M L M C T E L S A T A F I L
M G D R N I L H H N T R B E E O P I W L
O N H C Y A C I R O I J A B B O Y L A I
N I O I S I L U L G S U E I E Y L R T H
A D M T R D T I P O L P I R S O I E C Y
R I E Y R E V I S N A T I T I U M H H A
C U A E R E S O M E R S E T D N A T O W
H G N I S S O R C S N A W S A G F O V A
C J D T O A N O T H E R W O R L D N E R
O B A G T E X A S A N T A B A R B A R A
V B W J S E L R A H C T R O P S A D M F
E C A L A P H S A R C O D A R O D L E W
S P Y D E R G A M E S L L A F L E G N A

ALL MY CHILDREN
ANGEL FALLS
ANOTHER LIFE
ANOTHER WORLD
BELLBIRD
CHANCES
CRASH PALACE
DALLAS
DESIRE
DOCTORS
ECHO BEACH
ELDORADO
FALCON CREST
FAMILY PASSIONS
FARAWAY HILL
GENERAL HOSPITAL
GOSSIP GIRL
GUIDING LIGHT
HIDDEN PALMS
HOME AND AWAY
LOVING
MONARCH COVE
NEVER TOO YOUNG
ONE LIFE TO LIVE
PARADISE BEACH
PEYTON PLACE
PORT CHARLES
RETURN TO EDEN
RICHMOND HILL
RIVER CITY
SANTA BARBARA
SOMERSET
SPYDER GAMES
SWANS CROSSING
TEXAS
TITANS
TRIBES
WATCH OVER ME
WILD PALMS

Solution on page 157

Legal Dramas

J L V G Y V T W P D L O Q S A M E P E G
W P A C E H S G L L F D O V Q V H F L T
V J Q I C Q Z M M R E L S U E W Z W I C
H R G V R W E C I T C A R P E H T S F I
Z S H I A T Q R E N P A W E G D U J A D
H Y E L K T R U O C E C R O V I D U M N
L V A T T C I D R E V Z F P T D J D I I
I L D E T D L A E B C M Y L L A S G L S
A T V S T L L A V K A T R E M S H I Y D
B R I E F I E E G F E E S S Z T V N L N
M Y C S V C C N V E T Y W C C A P G A F
T E E A E I O S T A L E D O H E L A W Q
R I S C S N R U I G A N U U R A U M C R
J S U Q X A T N N R X R O R J W R Y F E
H I C Q Z R E Y S S T X Y T H E T G G C
N D C L C R P Z U H E M M N S X G F E U
H E A R S A Y A M Z A L Y E R O D D Q S
B B A C T I O N M S Y T L I U G B M U E
H A Y Z D G K C O L T A M L E B I L S J
A R Y W F N X N N G O W H C N E B V W C

ACCUSE
ACQUIT
ACTION
ADVICE
ALLY MCBEAL
ARRAIGN
BAIL
BENCH
BOSTON LEGAL
BRIEF
CASE
CHARGES
CITE
CIVIL
CLIENT
COUNSEL
DIVORCE COURT
FAMILY LAW
FEES
FILE
GUILTY
HEARSAY
INDICT
JAG
JUDGE JUDY
JUDGE WAPNER
JUDGING AMY
LA LAW
LIBEL
MATLOCK
NIGHT COURT
PEOPLES COURT
PERRY MASON
PETROCELLI
PLEA
RECUSE
RETAINER
SETTLE
SIDEBAR
SUIT
SUMMON
SWEAR
THE PRACTICE
TRIAL
VERDICT

Solution on page 157

Heroes

E E F P I H K M T U T H G I F O E R X S
U U Q L C X V H M L G L E H G K F P T W
N R A X U U H G P I H L T A D B S P S Y
S N T M I V M S A O N A V G L S L L Z T
R C L P N U T D S E P D N D F I I Z H V
Z P O J R R V F T M G I S T R E N G T H
A Y V D D E J T E O Y D F T T B D G A A
G D E R N O I T U L O V E A C G E Z E Y
E R U T U F J W F L B N K L N K R Y D D
W G U S W G S R U Y N I J W W T M H N E
S R N C R S E C R E T S S M P O A D F N
E S E N A P A J B G I N D I A D N S L S
I U N L E W T R E H P W F R V Q C K Y T
H S M I E W M S N O A H U O D N A J I U
R P R S A I Y E I L P S T O P T I M E H
L E A Y C L R O X T E V S A T E K W V N
H N L A T H L B R S R E H T O R B Q F A
B S Y D I O O I A K V A S C I T E N E G
I E S W O R D O V G R E B N U R G C S X
K U J S N N M B L L N P G N I T N I A P

ACTION
ADVENTURE
ANDO
ARTIST
BROTHERS
DEATH
DRUGS
EMPATH
EVOLUTION
FANTASY
FIGHT
FLYING
FUTURE
GABRIEL
GENETICS
GRUNBERG
HAYDEN
HEALING
INDIA
INVISIBLE
JAPANESE
KNOWLEDGE
LINDERMAN
LOVE
MINDS
MOLLY
MR BENNET
MURDER
NBC
NEW YORK
NOAH
PAINTING
PAPER
PAST
SCHOOL
SECRETS
STOP TIME
STRENGTH
SUSPENSE
SWORD
SYLAR
TIM KRING
VILLAINS

Solution on page 157

The Sopranos

J Q P S C Q Q Y P A G O A Y L O B P X U
S K V Z R E P J H Q W S S M J T O N Y H
C D T V Y R L B Q G N Z J H U E I S A L
F L W V P J O C C A R B H X M G C I M C
B R F S A G Y I N L V X H I T M A N B U
I H G L R D A H N U R Z D K I L L I N G
I O I U E E L M S U G A R B A G E L M C
H B T A H N T B O A J R U M M A M A H D
M H T P T I Y S M N Z A E P I X R R F J
Y H A H H P R O B L E M S V S O A E A S
V S I B F V T K L O E Y I U E U C N L U
X E O Y R H U I C A M L F U X N I U C K
G M W F E F O O D A W A K R E C G F O S
A A F R W L X O F J M T R L E E H E A R
W J N T O U W I W I F E O R C I F M N E
V R V E P J A I L H S I Y C I N I M O D
Q L B X R V Y Y O Q V K W I G A L W S R
B Z J A R F Z T C E P S E R A U G N I U
G W I Z J L Z N I V F M N S R B U E R M
F C F R M C K N H C W V C W S G E Q P U

BRACCO
CARMELA
CIGARS
CITY
DEATH
DIMEO
DOMINIC
FALCO
FAMILY
FBI
FOOD
FUNERAL
GARBAGE
GUNS
HBO
HIT MAN
JAIL
JAMES
JANICE
JUNIOR
KILLING
LAW
LIVIA
LOYALTY
MAFIA
MARRIAGE
MEADOW
MOB HIT
MOBSTERS
MONEY
MOTHER
MURDERS
NEW YORK
PAUL
POWER
PRISON
PROBLEMS
RESPECT
REVENGE
SEX
THERAPY
TONY
UNCLE
VIOLENCE
WIFE

Solution on page 157

Mad Men

B P V K I T C F E P D O N D R A P E R G
N D H W B C U L T U R E D G N I K O M S
S E R O T A V L A S D N E I R F T Z G N
I S I I B L F E K I R T S Y K C U L R O
X U T G N K X R T S I P A R E H T P C S
T O N Z H K K C A T T A T R A E H B R T
I H E Q R B I W Y Y N G I A P M A C D A
E E I Y S O O N N E R D L I H C U C E L
S N L Z E R L R G B T M M A H N O J I G
U I C M T V E Y S R R U M V H R F N J I
I W W A T R G T A E L E F S P I F Q C A
T A D N E D A G C T V P T O I I I U M W
S T I H R N I P Q A N I R I D X C L N O
A D T A A A R S E I R A T E R C E S Y T
L F W T G X R W F G T A L U L W N S L N
C E F T I H A A Y E G I H A C Y Y H K U
O B L A C K M A I L T Y E C G E T P O O
H K D N I I O F V Y T E I C O S X S O C
O O R B L R N Z A W O R K P L A C E R C
L S R Y H I S T O R Y S S E N I S U B A

ACCOUNT
AD CAMPAIGN
AFFAIRS
ALAN TAYLOR
ALCOHOL
ART DIRECTOR
BLACKMAIL
BROOKLYN
BUSINESS
CHARACTERS
CHILDREN
CIGARETTES
CLIENT
COPYWRITER
CORPORATE
CULTURE
DON DRAPER
DRINKING
EXECUTIVES
FAMILY
FRIENDS
HEART ATTACK
HISTORY
INFIDELITY
JON HAMM
LUCKY STRIKE
MANHATTAN
MARRIAGE
NEIGHBORS
NOSTALGIA
OFFICE
PEGGY
SALVATORE
SECRETARIES
SEXISM
SIXTIES
SMOKING
SOCIETY
STYLE
SUITS
THERAPIST
WINEHOUSE
WORKPLACE

Solution on page 158

Twin Peaks

G E B U D C J E B D S N H I B Z S L Y L
H Q M R C Y C Q H E C N V Y P O Q I L V
Y R A I D U D O D T V S H E R Y L L E E
M M X A R E L O G L A D Y Q O E H W T J
A A X U D C S T B F P C E T S D T W O I
E E W K E I S I U F O C K N T N O S H N
E A N J P L T K B R I K G E I E W G Y A
B I K E R O B I P R E D Z G T B N U V M
T N A I G P Z S T Z A M G A U H C R W O
W O S P I A E N G V Z E K I T T T D G W
D T M Y R R E B I I L U M B E R J A C K
A U A R O C R D O A B E E F F O C M E S
W H E R C O L W D N F R E G A N E E T D
U E R E T Y L T S O R F K R A M S L O O
J I D H N S N O Q U A L M I E H P E F O
M S E C R E D R O O M U W R E D R U M W
P L H I G H S C H O O L A R E N U F B U
Q T S A C D A O R B T S I W T W F P E J
N J I B K H Z N P H L F B A X C X K M Y
S M A L Z E D I W I F A D B S M E E V T

ABC
AGENT DALE
BIKER
BIZARRE
BODY
BROADCAST
BROTHEL
CHERRY PIE
COFFEE
CORPSE
CRIME
CULTURE
DAVID LYNCH
DEATH
DIARY
DRAMA
DREAMS
DRUGS
ECCENTRIC
EPISODES
FBI AGENT
FUNERAL
GIANT
HIGH SCHOOL
HOTEL
LOG LADY
LUMBERJACK
MARK FROST
MIRROR
MURDER
MYSTERY
NORTH BEND
OWLS
POLICE
PROSTITUTE
RED ROOM
SHERIFF
SHERYL LEE
SNOQUALMIE
TEENAGER
TOWN
TWIST
WOMAN
WOODS

Solution on page 158

Perry Mason

Y Y R A T E R C E S V C B S Y R U J I R
H N M R R Y R E T S Y M X E M B I A Q O
M O B K U I X A F D F H S S E N T I W T
U X M T M B N C T O M I S A R S V L I U
Y Q I I Z D D N H M S L L C J E S D L C
V U N Y C S E N U N E G A E C L D X L E
S A N K T I N R O T A G I T S E V N I S
L K O S L T D I G M J X R S L G T R A O
V M C C U E S E L G Y K T L B N O E M R
K W E V V S A Z E L A A A S C A K D K P
C Y N E E M P I F I O S R P C S R R A P
P C T F A R O E N F T C E J O O M U T W
Y S N R M E S O C R I R Y C U L L M T M
K O D S F N T F E T O L E A N D I Y H M
C M X A G O O E O E U F I G R E G C I H
I V C O U R T R O O M R I A R L D E E M
D T C D I O P Z T X I C K L B O T I S A
S N J U L C Q W E S L E Y L A U T O V R
F E F Z T S I W T U D D E T E C T I V E
U P R E Y W A L E N N U R N Z D A B J Y

BAILIFF
CALIFORNIA
CASES
CBS
CLIENT
CLUE
CONFESSIONS
CORONER
COURTROOM
CRIMINAL
DELLA STREET
DETECTIVE
DICK
DRAMA
EVIDENCE
FACTS
FILE
GERTIE
GUILTY
HOMICIDE
INNOCENT
INVESTIGATOR
JAIL
JUDGES
JURY
LAWYER
LOS ANGELES
MURDER
MYSTERY
PAUL DRAKE
POLICE
PROSECUTOR
RAY COLLINS
RAYMOND BURR
SECRETARY
STAND
STEVE DRUMM
SUIT
SUSPECT
TRIALS
TWIST
WESLEY LAU
WILLIAM KATT
WITNESS

Solution on page 158

Teen Dramas

B R E A K E R H I G H X M O S S O L B S
Y G O N E T R E E H I L L E W S O R E W
K F Y A W S N I L T I A C K Y L E X Y A
E R H I D D E N P A L M S D A R I A O N
E I H D M G Y O U N G A M E R I C A N S
R D D N A L R E M M U S L C O E H T D C
C A L I F O R N I A D R E A M S I C T R
S Y J E E C A L P E S O R L E M E I H O
N N U I B E A U T I F U L P E O P L E S
O I S R B S R A M A C I N O R E V B B S
S G T E N Y T I C I L E F I S A R U R I
W H D E P E V I F F O Y T R A P A P E N
A T E R E H W O N F O H T U O S L N A G
D L A Y C I T Y G U Y S P Z G R U O K E
R I L A I D A C R A F O N A O J P T E T
H G I H Y E L L A V T E E W S P O S E R
H H M E T N I O P O T T E M L A P O R E
R T Q T C F X E S E T I S O P P O B G A
O S K E E G D N A S K A E R F A N G E L
R L R I G P I S S O G U G L Y B E T T Y

ANGEL
AS IF
BEAUTIFUL PEOPLE
BEYOND THE BREAK
BLOSSOM
BOSTON PUBLIC
BREAKER HIGH
CAITLINS WAY
CALIFORNIA DREAMS
CITY GUYS
DARIA
DAWSONS CREEK
EERIE INDIANA
FELICITY
FREAKS AND GEEKS
FRIDAY NIGHT LIGHTS
GET REAL
GOSSIP GIRL
GREEK
HIDDEN PALMS
JOAN OF ARCADIA
JUST DEAL
KYLE XY
MELROSE PLACE
ONE TREE HILL
OPPOSITE SEX
PALMETTO POINTE
PARTY OF FIVE
POPULAR
ROSWELL
SOUTH OF NOWHERE
SUMMERLAND
SWANS CROSSING
SWEET VALLEY HIGH
THE OC
TIME OF YOUR LIFE
UGLY BETTY
VERONICA MARS
YOUNG AMERICANS

Solution on page 158

The West Wing

N Y D A L T S R I F W A S H I N G T O N
E R I H S P M A H W E N A M Y L H S O J
E L I A G I B A N I L A M A U H S O J I
H Y S T O W H I T E H O U S E N A T O R
S P A N D I K C I T A R C O M E D U Y W
N L J E C B N R I C H A R D S C H I F F
I E I D A Q O S E C R E T S E R V I C E
T O M I F F I S L D I E W O L B O R R J
R M M S K F T B N I K R O S N O R A A O
A C Y E N N A J N O S I L L A H K Q Y H
M G S R E T R T Y G I A D L A N A L A N
A A M P C H T R S C O T P O L I T I C S
U R I E I T S V O F O V C A N I E O N P
S R T C F A I D E S O U E E U N H X S E
R Y S I F E N O I S I F N R L U A C E N
E A X V O D I S T N E V E T N E R R U C
Y E N O L O M L E N A J D I R M P O S E
W A L K A N D T A L K S B A H Y E M S R
A B T S V N A M S S E R G N O C R N I S
L I N R O B A E S M A S C A N D A L T F

AARON SORKIN
ABIGAIL
ADMINISTRATION
ADVISOR
AIDES
ALAN ALDA
ALLISON JANNEY
CHIEF OF STAFF
CONGRESSMAN
COUNTRY
CURRENT EVENTS
DEATH
DEMOCRATIC
DONNA
ELECTIONS
FIRST LADY
GOVERNMENT
ISSUES
JANEL MOLONEY
JIMMY SMITS
JOHN SPENCER
JOSH LYMAN
JOSHUA MALINA
KATE HARPER
KIDNAP
LAWYERS
LEO MCGARRY
MARTIN SHEEN
MATTHEW SANTOS
NBC
NEW HAMPSHIRE
OVAL OFFICE
POLITICS
RICHARD SCHIFF
ROB LOWE
SAM SEABORN
SCANDAL
SECRET SERVICE
SENATOR
VICE PRESIDENT
WALK AND TALKS
WASHINGTON
WHITE HOUSE

Solution on page 158

Boston Legal

O W H I T N E Y R O M E T H I C S J J I
D R N Q I H R E L L I M Y R R A L I S P
T E P R O F E S S I O N A L A I R T T I
M I A D I G U P C O U R T R O O M N O H
R H R E N S A B R A D C H A S E L U R S
I C T N H T B L N A K A T I E L L O Y D
F R N N P T E O H O C Y E R F F E J L N
W A E Y O E S R A T S T S E U G B E I E
A E R C V S I P G Z J L I U M M E S N I
L S S R R U N P A U R M I C S H C N E R
A E P A E H E E D U U Q I W E U N E L F
W R I N D C D G P R L V M P A F E F O T
S S N E A A E N D S I L J C U R R E R L
U R O L P S Y E L L E K E D I V A D I O
I E F O S S R S L L A Y B W K G L T C H
T Y F O S A L A N S H O R E I G C E O A
S W I P E M W H A N N A H R O S E P L R
G A C J M O N I C A P O T T E R T J S A
U L E T A T T O R N E Y S F E J U O O S
R U S E J K C A S L R A C B O S T O N D

ALAN SHORE
ATTORNEYS
BOSTON
BRAD CHASE
CARL SACK
CIVIL LAW
CLARENCE BELL
COURTROOM
DAVID E KELLEY
DEFENSE
DENISE BAUER
DENNY CRANE
ETHICS
FRIENDSHIP
GUEST STARS
HANNAH ROSE
JAMES SPADER
JEFFREY COHO
JERRY ESPENSON
JUDGES
KATIE LLOYD
LARRY MILLER
LAW FIRM
LAWSUITS
LAWYERS
LORI COLSON
MASSACHUSETTS
MONICA POTTER
MURDER
OFFICES
PARTNERS
PAUL LEWISTON
POOLE
PROFESSIONAL
RESEARCH
SARA HOLT
SPIN OFF
STORYLINE
TARA WILSON
THE PRACTICE
TRIAL
WHITNEY ROME

Solution on page 158

Desperate Housewives

U S B E I K N V I I L C J E E U M W S Q
T N K O W L V G U M J X C A N C E R I X
L A V W L F U K A R L M A Y E R O X I C
W L J P A R K E R C H T A E D M B V H K
J K V R O M A N C E S O H N U C A I K Z
S S E C R E T S K U T Y A R H E L E R W
X E B M S Z H B O Y F R I E N D Z E O U
S E E E L L E I N A D F A I R V I E W E
E C I L A Y R A M W M T R E N E D R A G
V L L S G E I I I J I G N G S F R E X J
I E U A T U N F Z N C R U U A S E D D B
W D J S W W E A G I R F B S R S P R K W
E O Y R P N O Z W U Y U H I D R O U C K
S M D B L O S M A R R I A G E R H M G V
U F D I V O R C E B O F X G S U U O B F
O V A C S M O T A N F V N O S Y A G E P
H M K I O Q L N E A Z A N B J J O H S T
U X P N N U S M H R N M A N S I O N U E
C K E F D G V X X T P N F F G F C W D G
H Y E A L T O R N A D O A Q N G F Q D V

ADULTERY
AFFAIRS
ANDREW
BOYFRIEND
CANCER
CHEATING
CHILDREN
DANIELLE
DEATH
DIVORCE
DRUGS
FAIRVIEW
FASHION
GARDENER
GAY SON
HOUSEWIVES
HUSBAND
JULIE
KARL MAYER
KATHERINE
LAWNS
MANSION
MARRIAGE
MARY ALICE
MODEL
MONEY
MURDER
MYSTERIOUS
ORSON
PARKER
PORTER
PREGNANT
REX
ROMANCE
RUMORS
SECRETS
SUBURBAN
TOM SCAVO
TORNADO
WIFE
WOMEN
WORK

Solution on page 159

CHAPTER 3: **Sitcoms**

Comedy Shows A–J

T Y G G I L L I G A N S I S L A N D I F
S N I A P G N I W O R G T T M S E R S A
E L E L F L Y I N G N U N S A E L Y E C
D D R M O R Q H T E C B E E N I L A I T
H I A I P V A L I C E O M B D L E G T S
E C C H G O E S T H D S E S Y L I H Y O
D C H K S N L L I N O O V W G I N B L F
R L A I V G E E U E O M O O R B N A I L
E R R N C A N D V C R B R N I L A R M I
W I L O E O N I L E Y U P K F L E N A F
C A E S W M A D N O D D M R F I J E F E
A F S Y O S E N Y E G D I E I H F Y E S
R F I A H D T H D K V I E H T Y O M H U
E A N D S N C E T T E E M T H L M I T O
Y Y C Y Y E J O E S H S O A S R A L N H
S L H P B I A L A M I E H F H E E L I L
H I A P S R E E H C Y N M O O V R E L L
O M R A O F L J S Q H O N A W E D R L U
W A G H C N U B Y D A R B E N B I U A F
O F E W X A D O N N A R E E D S H O W P

ALICE
ALL IN THE FAMILY
ANDY GRIFFITH SHOW
ARRESTED DEVELOPMENT
BARNEY MILLER
BEVERLY HILLBILLIES
BOSOM BUDDIES
BOY MEETS WORLD
BRADY BUNCH
CHARLES IN CHARGE
CHEERS
CHICO AND THE MAN
COACH
COSBY SHOW
DENNIS THE MENACE
DICK VAN DYKE SHOW
DONNA REED SHOW
DREW CAREY SHOW
ELLEN
EVENING SHADE
FACTS OF LIFE
FAMILY AFFAIR
FAMILY TIES
FATHER KNOWS BEST
FLYING NUN
FRASIER
FRIENDS
FULL HOUSE
GILLIGANS ISLAND
GOLDEN GIRLS
GROWING PAINS
HAPPY DAYS
HOME IMPROVEMENT
I DREAM OF JEANNIE
I LOVE LUCY

Solution on page 159

Comedy Shows K–Z

D P T G E D S R A E Y R E D N O W M S S
M X L K S N E E U Q F O G N I K A Y N R
L S U D D E N L Y S U S A N R M P F O E
Y N A P M O C S E E R H T P N A E A S T
P W S N O O P S R E V L I S O R R V E S
A L I D F R O S E A N N E L I Y F O E N
R W E L C O M E B A C K K O T T E R R U
T T O A L R R O D I K H P V C Y C I H M
R R N T V A E D N U X S W E N L T T T U
I A E S H E N C A K A A E B U E S E Y R
D H D X G A I D I N E M T O J R T M M P
G W A B S N T T G F D E Q A T M R A I H
E E Y Z N O I G T R F S S T A O A R S Y
F N A A A L A W I O A O O Z O O N T T B
A Y T I C N I P S R B C E N C R G I E R
M I A O D D C O U P L E E H I E E A R O
I N T U O Y T U O B A D A M T G R N E W
L L I H E H T F O G N I K V T U S Z D N
Y B M S A V E D B Y T H E B E L L J W F
R S E X A N D T H E C I T Y P R H O D A

KING OF QUEENS
KING OF THE HILL
LEAVE IT TO BEAVER
LOVE BOAT
MAD ABOUT YOU
MARY TYLER MOORE
MASH
MAUDE
MISTER ED
MONKEES
MUNSTERS
MURPHY BROWN
MY FAVORITE MARTIAN
MY THREE SONS
NEWHART
ODD COUPLE
ONE DAY AT A TIME
PARTRIDGE FAMILY
PERFECT STRANGERS
PETTICOAT JUNCTION
RHODA
ROSEANNE
SANFORD AND SON
SAVED BY THE BELL
SEX AND THE CITY
SILVER SPOONS
SOAP
SPIN CITY
SUDDENLY SUSAN
TAXI
THAT GIRL
THE OFFICE
THREES COMPANY
WELCOME BACK KOTTER
WILL AND GRACE
WINGS
WKRP IN CINCINNATI
WONDER YEARS

Solution on page 159

Everybody Loves Raymond

U K Q R B T L H H I F P X D N I Z P I L
Y C G E P W E L E H X G S N O S B Z N D
K E V H U I G C A N J K M P K X G O A P
W M G T S N D R T B O S E A O K E F I W
V O D A W S O I O R T R L L O Q N X C J
A H Y F I B L I N B B O B T R U X A I K
W P H A E R K X T P W B O A B N V S R E
B M Q D D Z R S Q A E H R F N R C O T F
Q I C C Y S O A R R C G P K Y U Y K A V
X C U H D A W V M E D I A I L W Y L P Y
R H B I R C E E W N K E D P E E L N W L
A A B L J T S F N T M N T N U Y K S H A
Y E Y D E Y U I D S L U A M Y N H R R P
M L N R B L O G G N R E P A P S W E N T
O V A E O I H H N E A J R Y M E T H J G
N N I N N M B T I Y K B D S D H R T N X
D B L Z Q A A I K O G E S D G E V O L W
U M A O N F J N O B M D I U E R Y R E Z
R V T N E H U G O O I N A J H W H B A E
G N I T I R W Y C K G D T L T A Z O Y I

ALLY
AMY
BROTHERS
CHILDREN
COMEDY
COOKING
CUBBY
DAUGHTER
DEBORAH
ELK
FAMILY
FATHER
FIGHTING
FOOTBALL
FRANK
HEATON
HOME
HOUSEWORK
HUSBAND
ITALIAN
KIDS
LODGE
LOVE
LYNBROOK
MARRIAGE
MICHAEL
NEIGHBORS
NEW YORK
NEWSDAY
NEWSPAPER
PARENTS
PATRICIA
PROBLEMS
RAY ROMANO
RAYMOND
SCULPTURE
SONS
SYNDICATION
TWINS
WAR VETERAN
WEDDING
WIFE
WRITING

Solution on page 160

Entourage

R Y I Y M X N T K R O Y W E N K A D U S
E L T R U T N I L L E G U O D Z P B V N
R E V I R D Y O L L D X L T A H U S N T
M X X R R C A M E O S L L M T D B O C F
O A S G J B A C O K I F A E D F L F A Q
N S R F A M E W T D A R B I E P I M L V
E S O K L L Y L N P D K E F M W C E I T
Y I T F W L C I E Y P S R O U J I G F I
J S C A L A V I N C E N T C H A S E O A
Q T A O R E H N R H R S A L I S T D R X
Q A H E K D H L J E R E M Y P I V E N U
R N R K E O O B B A E G G Z H W P B I Y
B T I I J O R M T E Y Y Q P B P O I A B
M P F P G A A S P I R A T I O N S M G G
U A Y P E O T S E L E G N A S O L A E U
F R S W S S L F R I E N D S H I P Z N N
W T G T E W M D M O V I E S T A R A T V
J I W U N I L L E D E M C A R E E R S A
R E G A N A M R H Y S C O I R O A S A D
H S C R I P T S N E E U Q W E J P C Z Z

A LIST
ACTORS
AGENTS
ARI GOLD
ASPIRATIONS
ASSISTANT
BUDDIES
CALIFORNIA
CAMEOS
CAREER
CELEBRITY
DEBI MAZAR
DOUG ELLIN
DRIVER
ERIC
FAME
FRIENDSHIP
GUEST STARS
HBO
HOLLYWOOD
JEREMY PIVEN
JOHNNY DRAMA
KEVIN DILLON
LLOYD
LOS ANGELES
MANAGER
MARK WAHLBERG
MEDELLIN
MONEY
MOVIE STAR
NEW YORK
PARTIES
PERREY REEVES
PUBLICIST
QUEENS
REX LEE
RHYS COIRO
SCRIPTS
STARDOM
TURTLE
VINCENT CHASE
WOMEN

Solution on page 160

30 Rock

G S D Y H G A N O D K C A J T T Y T J G
T K E I T H P O W E L L A C I S U M G L
R W R O I G G I R N H O J E S E R I E S
I H L K R O Y W E N M D L C G P N B C P
D I D J I C C T H I L A R I O U S A A N
Z D R J H H B O S S O V K F Z U I W L R
L Y A L E C B A L D W I N F S L Y F P Q
C Y B O A N D T Y U X D S O X Z E I K U
I C B N D A N R D F T M R G R T F M R E
N W U N W D A A E F T I E N T B A L O E
O R H Y R R L C M Y I N T I H I N Q W N
C O T R I O S Y O A D E N K U H I H R S
J C T O T J I J C S R R I R R L T W I E
O L A S E E F O H K U O W E S K E U T R
R A M S R I L R C T B R N P D T M F E I
C F C D Y G I D T I K I A E A K U V R T
C E G A P N M A E N C E E E Y N E D S A
W I T T Y A H N K A A O D B N L W A I S
Z D R A R I G H S O J W K Y C A N L E O
B E T A R O P R O C J R W V M Q S S S Y

ALEC BALDWIN
ANGIE JORDAN
ASK TINA
BEEPER KING
BOSS
CLEVER
CORPORATE
DAVID MINER
DEAN WINTERS
DENNIS DUFFY
EDIE FALCO
FUNNY
HEAD WRITER
HILARIOUS
JACK BURDITT
JACK DONAGHY
JENNA MARONEY
JOHN RIGGI
JOSH GIRARD
KEITH POWELL
LIZ LEMON
LONNY ROSS
MATT HUBBARD
MILF ISLAND
MUSICAL
NBC
NEW YORK
OFFICE
PAGE
QUEENS
SATIRE
SERIES
SKETCH COMEDY
STUDIO
TGS
THURSDAY
TINA FEY
TRACY JORDAN
WITTY
WORKPLACE
WRITERS

Solution on page 160

Two and a Half Men

Q U J D R V P C C U J I N G L E S M T U
B M U G T G C P U T I A V G O G Z E H R
E S D S B J U S F A M I L Y N R O U E Y
J G I R L F R I E N D S F I O K N W M R
L V T R K I T C H E N A L B M Q O P E X
G I H R X M G X O E T B H E J M C P S E
W D F W O K R G U H I G L U A H E B O Q
O Q L E H M A L E S I A U N I E C D N R
P N E D S M N R Z E N B I R K P E M G K
F A H E E T G C N I I Z O E M C O R J R
H T T S E X Y F E L E P S Q R N E S Z E
T A B I J D D L A R R U E O E T H T S Y
D W R G O M Y M E A O S V Y I N W A Z R
P D O C O N D O C H A I N R O F I L A C
A R T I S T T T U C D O W E F F L K D N
P W H K G K O M M T M G B N P D U I W O
M B E M A R I N H I N K L E D H P N J J
B Y R K Z O W J L O N A H E R B E G N G
P N S X A W B A S L C N L A G T E W T Y
V G I W A J L A G J Q V D A A D A E E A

ALAN
ALIMONY
ARTIST
BERTA
BROTHERS
CALIFORNIA
CBS
CHARLIE SHEEN
CHIROPRACTOR
CONDO
DATES
DIVORCED
FAMILY
FATHER
FUNNY
GIRLFRIENDS
HERB
HOUSEKEEPER
JAKE
JINGLES
JON CRYER
JUDITH
KITCHEN
LIFESTYLE
MALIBU
MARIN HINKLE
MELANIE LYNSKEY
MONEY
NEIGHBOR
NEPHEW
PATIO
SIBLINGS
SONG WRITER
STALKING
THEME SONG
VIDEO GAMES
WOMANIZER
WORK

Solution on page 160

Curb Your Enthusiasm

M E H J P S I H N I L R A G F F E J L E
I E F U U O S X C A L I F O R N I A P L
M C L I M A N A G E R W J Y E N D I K T
P C R B L O X S N A M S S E E I S U S D
R P V M R L R L E T R L R C F C Y S Y E
O B H A E O A B C L A G O G I Y R C T N
V X K R T P O E Y R E M U T W S E E T T
I W R R Z U L K R I E G O B E A T L E I
S M O I G D G Y S D T R N N A I L E P S
A I Y A F N D U I P U N I A I L U B N T
T C W G P A S A A E E H A V S C D R O N
I H E E V T N X N N L K D R J O A I S A
O A N I L S S F E Y F A M O U S L T N L
N E D M I D V E R Q V J A D N A W I A P
X L H D N S R E C U D O R P E H T E D S
O Y S E Y G H A W K W A R D N E S S D N
D O I N F C G C H E R Y L D A V I D E A
J R W F Z E U F E C R O V I D P L O T R
F K E Y N N U F B Q I J O T Y U W Y V T
C J J T Q S R E T C A R A H C Y R O D L

ADULTERY
AGENT
AWKWARDNESS
BALD
CALIFORNIA
CELEBRITIES
CHARACTERS
CHERYL DAVID
CHERYL HINES
COMEDIAN
DENTIST
DIVORCE
FAMOUS
FRIENDS
FUNNY
HBO
HUMOR
IMPROVISATION
JEFF GARLIN
JEFF GREENE
JEWISH
KIDNEY
LARRY DAVID
LOS ANGELES
MANAGER
MARRIAGE
MEL BROOKS
MICHAEL YORK
NEUROTIC
NEW YORK
PETTY
PLOT
PRIUS
REAL LIFE
RESTAURANT
RICHARD LEWIS
SANTA MONICA
STAND UP
SUSIE ESSMAN
SUSIE GREENE
TED DANSON
THE PRODUCERS
TRANSPLANT
WANDA
WIFE

Solution on page 160

Home Improvement

W I A Y E C U T Q R U E T L W H L K Y Z
C Y P G S E E O A S E T Y J L P Z J N M
L E L B U O R T D Q O E S D B R A D C W
F J K R O W I I U O A E O D E Y L N A M
P X U L H N K M L N E R R P D J T A D N
Q W F N E W T T U E Z D G W C Z V B M B
C A E A C J I A N H W F I H X Z S S A W
S M C V N M M Y W C I I Y F R J H U R I
A N Q C E S A L I T L P D O R T O H V V
N E P C I A L O H I S U E I Y I W K E G
W I D U D D L R V K O W M N E K E G E A
M G A R U J E I U B N I O S R H A N M S
Q H P C A E N N V D W F C A Y N K A D E
V B Y M S Y Y X T B F E N C E J R G C S
S O N O E N K V D S O D D E T R O I T Y
Q R N C A G A C C Z Y B T E I U V H L O
D S U T Y A A N A M Y D N A H D I C I B
E F F I H A R R Y B A J G X A B V I S J
F P O S L K F L A N N E L Q Y L I M A F
T R V I L N R C R G T H S X G P W J P H

ACCIDENTS
ADVICE
AUDIENCE
BACKYARD
BOB VILA
BOYS
BRAD
CLUMSY
COMEDY
DETROIT
FAMILY
FENCE
FLANNEL
FRIENDS
FUNNY
GARAGE
HANDYMAN
HARRY
HEIDI
HOT ROD
HOUSE
HUSBAND
JOKES
KIDS
KITCHEN
LISA
MANLY
MARRIAGE
MICHIGAN
NEIGHBORS
RANDY
SAW
SITCOM
TEENAGE
THREE SONS
TIM ALLEN
TIM TAYLOR
TOOL TIME
TROUBLE
TV SHOW
WIFE
WILSON
WORK

Solution on page 160

Boy Meets World

V X H Z G F A M I L Y U G L X G X E D J
J P E J Z N N G X L T S E K H Y F V M C
X X M E G A H M N E P H L J Q W N B Q F
Q D K E G M Y T E A C H E R S U K N I M
X R L R N N M N R A P E I D I G H I K C
O A O I U Y A E R D C O L L E G E Y K M
N M K L B G N H G H O S T M L X A M Q K
S A C F E T U P C N P R I N C I P A L N
A D G R S U I J A C K B R O T H E R S G
T W E J W Q C B V O N D B P S A N S J P
V K A O F K R O W E M O H F F X N E W L
L W G A R U Y E C N E R W A L N B E G Y
Z D L Z B T O H C G N I T A D L R M S S
O A E U R H I Q S E I L L U B V O B T Y
N M S E H S U R C C L A S S R O O M N D
N Q B A T P E C H S U M M E R N K E E E
O U Q O N T F J E B T W A H M P E Z D M
P T R B S X W Z T V W Z T L G F J R U O
H Y T I W E G A I R R A M J R I D R T C
B K S W U N E I G H B O R M O U D Y S U

ALAN
AMY
ANGELA
BATHROOM
BROTHERS
BULLIES
CHANGE
CHET
CLASSROOM
COLLEGE
COMEDY
CRUSHES
DATING
DRAMA
EAGLES
FAMILY
GHOST
GIRLS
HISTORY
HOMEWORK
JACK
LAWRENCE
MARRIAGE
MINKUS
MORGAN
MR FEENY
MR TURNER
NEIGHBOR
PARENTS
PENNBROOK
PHILLIES
PRINCIPAL
PUBERTY
RACHEL
SISTER
STUDENTS
SUBURBAN
SUMMER
TEACHERS
TEENAGER
TOPANGA

Solution on page 161

The Cosby Show

D D E X M K N I V L E J F F A U S A B S
O D N N U A C E K X N I F R G P S K J S
C Y O V O K R A R Y S A F E H R F U O B
O X T C H G J T L D G F I Y U V W N P J
W M S T T Q M K I B L R L W X Y D I Q F
M V N E Y O O K E N P I C A T R Q Y F T
P U W N L O R F J A C C H L A Y M E Y E
X M O O R G N I V I L A T C B U W N A E
J D R B T P D I A C W N A L L Z B R M N
V Q B A D E E R P I O A E R E H T O M A
H C X S N F A X A R Y M H F S S H T L G
W Y T I I S V N R T N E H C T I K T A E
A D S L H U Z E E E S R E T H G U A D R
D E Y A H V C W N T J I A R O Y D U R S
G W D S I O L Y T S H C I T I V C Q O L
W X B I L L C O S B Y A V C F A M I L Y
N R H L L E Z R G O Y N I W T K L E S C
T H E O M C X K D U N S L I P J Y C X W
U G Q M A R R I A G E L O O H C S U R N
E S V A N E S S A B G N I W O R G D G X

AFRICAN AMERICANS
ATTORNEY
BILL COSBY
BLACK
BROOKLYN
BROWNSTONE
CHILDREN
CLAIRE
COLLEGE
DAUGHTERS
DENISE
DOCTOR
DYSLEXIA
EDUCATION
ELVIN
FAMILY
GROWING
HEATHCLIFF
HILLMAN
HOME
HUXTABLES
KIDS
KITCHEN
LAWYER
LIFE
LISA BONET
LIVING ROOM
MARRIAGE
MARTIN
MOTHER
NEW YORK
OBSTETRICIAN
OLIVIA
PARENTS
PHYLICIA RASHAD
RUDY
SCHOOL
SONDRA
TEENAGERS
THEO
VANESSA
WIFE

Solution on page 161

The Office

R P L L A N O I G E R H P A N E R A K Y
T H M R Y E L N A T S K I P A P E R G F
I Y X A P U T B X V K U R J F R G U Q C
P L S G N I T E E M V N O T N A R C S X
S L A M R A F T E E B A M H F S E L A S
N I Y O A O G N H T I D E R E M M J J P
G S E N O H P E L E T A R O P R O C R O
H W Q Y Q A C O M P U T E R S D A O W B
Y U P R H D P M V E B V N U V F M W O O
W B D O W N S I Z I N G B J S O D B R S
M B O D E P I J H S J T I E T N V Y K S
K C O N F L I C T S M C M I G A T D P Q
F R S L I H W S Z Q D P O Z N I L N L P
Z E C T L P J C S M L N B C S I A A A W
O A C H A G C O W O R K E R S Y V N C K
M T C O M P A N Y E G T E I R K G E E J
R I C S M E L E X X Y V W J R E N L K G
A V J C S E E E E U I X T K L F L A I N
I E I A H S D V S D D C R A Z Y A L R L
K Z H R N E P Y B O T U U Z E W B S M P

ANDY
ANGELA
BBC
BEET FARM
BOB VANCE
BOSS
COMEDY
COMPANY
COMPUTERS
CONFLICTS
CORPORATE
COWORKERS
CRAZY
CREATIVE
DIVERSITY
DOWNSIZING
EMPLOYEES
FRIENDSHIP
GOSSIP
JAN
JIM
KAREN
KELLY
KEVIN
LIFE
MANAGEMENT
MEETINGS
MEREDITH
MERGER
OSCAR
PAPER
PHYLLIS
PRANKS
PROMOTION
REGIONAL
RYAN
SALES
SCRANTON
STANLEY
STAPLES
TELEPHONES
TOBY
WAREHOUSE
WORKPLACE

Solution on page 161

Friends

P W C I N V E J X A P O H S E E F F O C
J J G L C Q B L O O M I N G D A L E S E
G R E E N W I C H V I L L A G E C E T N
D N E W Y O R K C I T Y V Z P R Q I N T
I R E V O L T H M O N I C A G E L L E R
S I N A I C I S U M D C L E N T I U M A
N R N F R G X R I S D E X X I I N J T L
A A E A L E S N C N O A O I T R D M R P
T L M O I U H H O N A C M N A W E A A E
T P E F L B W T T I Y R N M D Y P T P R
A H P A F I B O N E H O E G E P E T A K
H L H L M U L I N U D S B F R O N H E A
N A O M I O A E R N G S A Y I C D E C A
A U E Q G T T K O T X T B F C N E W I S
M R B Y N R K L A K Y H Y X H B N P N C
U E E U U O M A T T L E B L A N C E A H
S N O O V L E H C A R H O K R K E R J E
E F C E P E G A I R R A M J D K O R D F
U R W O R D U K A S I L M E H L I Y Q M
M D A R N D C H A N D L E R B I N G L S

ACROSS THE HALL
APARTMENT
BABY
BEN
BLOOMINGDALES
CAROL
CENTRAL PERK
CHANDLER BING
CHEF
COFFEE SHOP
COPYWRITER
COURTENEY COX
DATING
DAVID SCHWIMMER
EMMA
FASHION
FOUNTAIN
GREENWICH VILLAGE
GUNTHER
INDEPENDENCE
JANICE
JENNIFER ANISTON
JOEY TRIBBIANI
JULIE
LIFE
LISA KUDROW
LONDON
LOVE
MANHATTAN
MARRIAGE
MARTA KAUFFMAN
MATT LEBLANC
MATTHEW PERRY
MONICA GELLER
MUSEUM
MUSICIAN
NEW YORK CITY
PALEONTOLOGY
PHOEBE
RACHEL
RALPH LAUREN
RICHARD
URSULA

Solution on page 161

Frasier

O L J G K C J P N O P U L P L V C Y I S
Y R Q U P I S R E H T O R B K I K P E Q
D E I S E G F R A S I E R S S P C A C K
Q I K V G N I P L I G I R E P O T R R A
M T V E A H L M B N C E W V Y T S E E B
D R L O I L G O A U I A T E L O E H I Y
O K E R R B R N Z R S V A E O P L T P F
J A C Z R C C Y R H T Y D L V F Y I C U
L T P O A Y E E I G S I S E E R O L F Y
E R N A M L T N A L E I N N T E D I F X
X S M O R E G T O Z B A O A H D Z L C O
H V I L I T D E N O R O I J G E O E H K
V D P E O S M Y B C M H T S C R R F E W
D F D N F R S E S E C N M A R I O A E V
Q A X I R F E E N Y B E O S L C P C R X
V M T W I D L H S T L I V M O K I B S O
Y I H I E I P P T B K D S F I V S O N S
M L S E N A G V O A O D F D D S L H P M
G Y U N D G R R C M F E B A C H E L O R
Z L I K S L P L A R E P O J P K E X D W

ADVICE
APARTMENT
BACHELOR
BEBE GLAZER
BROTHERS
CAFE
CHEERS
COFFEE
COMEDY
DAPHNE MOON
DATING
DIVORCE
EDDIE
FAMILY
FATHER
FRASIER
FREDERICK
FRIENDS
JANE LEEVES
KACL
LILITH
LOVE
MARRIAGE
MARTIN
MEL
NILES CRANE
OBSESSION
OPERA
PERI GILPIN
PIERCE
PREGNANCY
PROBLEMS
PSYCHIATRY
RIVALRY
ROZ DOYLE
SEATTLE
SIMON MOON
SONS
TALK SHOW
TERRIER
THERAPY
WASHINGTON
WINE

Solution on page 161

Malcolm in the Middle

A V E M K G P Y U C T E Z Z N R X T H P
I X B O W M Y V M C P C I R T N E C C E
J W X P F J O G K K T N E C S E L O D A
B G D P M J E D E P U K Q M C J S A S M
B F J O I N A R Y M L W Z Q F R N X H D
U D Y L I M A F E S O Y M Q E O V B F Q
I D Q U A M S I P M F H G H T S S R O M
X I S I Z H K Y U I O U T S R E I S X N
H M P C N N D H C W Y O N T E E N O O A
V V A K A D M Y M T R A B C N D E E L B
Z K T R Y L K F P B R W M D T E L C O R
O R F E U E W G R C A A S C O I B P E A
Q J W L M I L I T A R Y S C H O O L O N
W E T B Q F K E V R N B J S I U W N X E
D A N O S R E T S A M C R N K T M N A K
I J E Y Z E I V E T S V I B Y C N O I L
N B D N U B Y R T V Q N Y S R A N C H L
F Y U E I M A J H Y L L C U M S T S P Q
T O T S P M Z U I U Z G G I F T E D D F
Z U S G I R K V R K D O N E H J X O J O

ADOLESCENT
BERFIELD
BOSS OF ME
BROTHERS
CRANSTON
DEWEY
DYSFUNCTIONAL
ECCENTRIC
FAMILY
FOX
FRANCIS
FRANKIE MUNIZ
FRIENDS
GENIUS
GIFTED
HAL
JAMIE
KACZMAREK
KENARBAN
KRELBOYNES
LINWOOD
BOOMER
LOIS
MASTERSON
MILITARY SCHOOL
OUTCAST
PIAMA
RANCH
REECE
STEVIE
STUDENT
TEEN

Solution on page 161

The King of Queens

U W T B I C B U B Q B L H B B Y E C O O
M T Y N N A D E A C O N F L J G V R I Z
H M Y U W M K E V I N J A M E S O B Y E
C S Z R S H O P P I N G T N S T L T R E
X K E T A B A S E M E N T K R U F C E X
H W R I E T C P H L D C Y X E E R I V X
P F H A R M E O A O S D F C T D F L I P
J K A R P R W R U Y L L O H H U I F L W
H B P D K O A G C P O L O P G N V N E G
G Y A D G P G C G E L E D T I L H O D H
K W R L P O K E R A S E S M F L X C E R
U W T N E W Y O R K P T E M E A K H W D
S T M D S S E I H C I R R E R B L N O H
N X E F R I E N D S H I P G I T N H D G
E Y N A M Y L I M A F W U A F O V P I U
E A T I N G E R E W E M O I Q O G V W G
U Z H U G Z E L A F E U R R N F P V O J
Q F O O Y E L L I N G U Q R K B M H K N
B T M B B G K W T T N D N A B S U H U Z
W M E C N E P S J H Q S E M E H C S S D

APARTMENT
ARGUMENTS
BASEMENT
BEER
BLUE COLLAR
CARRIE
CONFLICT
COUPLE
DANNY
DEACON
DELIVERY
DOUG
EATING
FAMILY MAN
FATTY FOODS
FIREFIGHTER
FOOTBALL
FRIENDSHIP
HEFFERNAN
HOLLY
HOME
HUSBAND
IPS
KEVIN JAMES
LAW FIRM
LEAH REMINI
LOVE
MARRIAGE
NEW YORK
PARALEGAL
POKER
QUEENS
REGO PARK
RICHIE
SCHEMES
SECRETARY
SHOPPING
SPENCE
WIDOWED
WIFE
WORK
YELLING

Solution on page 162

Seinfeld

F J U A B P W Y B Y R R E J F Y C C I J
Y G U S F E T D Y G S L M A Q D D F G M
A A Z F E T A A G N P R J O R O G W E Q
Y K P A S T Y T J P Y K E B L R J Q O M
K A Y O T Y M I A B P C I T N A M O R U
F Q W I I Z A N P U O S U G E P E U G H
R N P B V N S G D M I N U T I A E R E R
K R E M U G T D Q Q C S D P G H M L E C
M T R G S S Y L J L D H A S H O E U L C
O B S E S S I V E R H Z D H B N Z T G J
H Z U S W Y N L A S N S I S O R U E N S
J N S D A V E H I A S K P A R E N T S D
H O A N P O C W T D N D Q G G E R U I F
I J N A A I E S U A E L S X W C B N O N
A L R H R J O O R Y E A T I N G E U W E
E X O N T C T F D A X B A D I R O L F W
Q B S A M C O M E D I A N I H I L I S M
S E S M E L L Y C A R Z D O Q B A N I A
J Z W A N M O R T Y L S U P E R M A N N
E T H O T M G N I K R A P T R Q A Q C Z

APARTMENT
BALD
BANIA
CEREAL
COMEDIAN
COSTANZA
DATING
DINER
EATING
FESTIVUS
FLORIDA
FRANK
GEORGE
HELEN
JERRY
JEWISH
MAN HANDS
MINUTIAE
MORTY
MR PITT
NBC
NEIGHBOR
NEUROSIS
NEWMAN
NIHILISM
NYC
OBSESSIVE
PARENTS
PARKING
PARODY
PETTY
POINTLESS
PUDDY
RICHARDS
ROMANTIC
SMELLY CAR
SNAPPLE
SOUP NAZI
STAND UP
SUBWAY
SUPERMAN
SUSAN ROSS
UNCLE LEO
YADA YADA

Solution on page 162

CHAPTER 4: Cops and Detectives

Crime Shows

C A N N O N H S E L I F D R O F K C O R
J T H E S H I E L D T M I A M I V I C E
D T H O R E L L I M Y E N R A B K N O M
R E X O E M U R D E R S H E W R O T E I
A R S C H A R L I E S A N G E L S S S N
G A G B A R N A B Y J O N E S Y E O H G
N B N R Z G G N I T H G I L N O O M I T
E F I S C M N A T H E A V E N G E R S O
T W K M Y N F E J T H E C L O S E R O N
H I L C W T H V Y T H I R D W A T C H S
E S A C D L O C K A J O K T Q S A O Z T
W E T L H C T U H D N A Y K S R A T S E
I G S O N A S H B R I D G E S L R T M E
R U K U N A M O W E C I L O P R L C Q L
E Y L D M M C M I L L A N A N D W I F E
T G I W I T H O U T A T R A C E P M H W
N K S P E N S E R F O R H I R E P I V C
U W T H O M I C I D E U L B D P Y N O O
H Z P M H S I M M O C O L U M B O P M F
P X K Y L X I N N A M S P O O N S R Q Z

BARETTA
BARNABY JONES
BARNEY MILLER
CAGNEY AND LACEY
CANNON
CHARLIES ANGELS
COLD CASE
COLUMBO
COMMISH
COPS
CSI
DRAGNET
HILL STREET BLUES
HOMICIDE
HUNTER
JAG
KOJAK
MANNIX
MCCLOUD
MCMILLAN AND WIFE
MIAMI VICE
MONK
MOONLIGHTING
MURDER SHE WROTE
NASH BRIDGES
NYPD BLUE
POLICE WOMAN
REMINGTON STEELE
ROCKFORD FILES
SILK STALKINGS
SNOOPS
SPENSER FOR HIRE
STARSKY AND HUTCH
THE AVENGERS
THE CLOSER
THE SHIELD
THE WIRE
THIRD WATCH
VIPER
WISEGUY
WITHOUT A TRACE

Solution on page 162

Charlie's Angels

N M Y S S U B Q B C P P B E A U T Y D O
M O K E L G G I J J R L D C I X K W E K
A D D A L L Y R E H C H A R R A F X C P
O N E C T S L F I L M D S S E R U G I F
X D I L H E O C E N E M P S K R I S L G
H E S R Y A J B X M G E G R C M N G O F
S T R E B O R A Y N A T Y E A K O C P M
P E I L C A D L C K R L Z V H E I V N C
E C N M Y R S D E K X X E O Y L T P I O
L T I X S D E R I S S H H C E L A Y J E
L I K E L N P T K V T O W R L Y G V M G
I V I T S H Y T A Y A O N E L G I V Q F
N E B V O N K L S G M D W D E A T K Z R
G J U N A P P R C E E O U N H R S E X Y
R J E F I U O X N A U N C U S R E L P E
Y J F I X F X K X Y J N T R T E V M U F
B I C O N F E R E N C E S F E T N U X D
T S K H N W S C R V O E E R H T I D W P
P R O V O C A T I V E B C A G E N C Y A
G J L H Z I C J H P K T W W V C J I L L

ACADEMY
AGENCY
BEAUTY
BIKINI
BOSLEY
CASE
CHARLES TOWNSEND
CHERYL LADD
CONFERENCES
DAVID DOYLE
DETECTIVE
FARRAH
FEMALE
FIGURES
FILM
INTERCOM
INVESTIGATION
JACLYN SMITH
JIGGLE
JILL
JOHN FORSYTHE
KATE JACKSON
KELLY GARRETT
KRIS
LAPD
MOVIE
POLICE
PROVOCATIVE
SABRINA
SECRET AGENT
SEXY
SHELLEY HACK
SPEAKER PHONE
SPELLING
TANYA ROBERTS
THREE
TIFFANY
UNDERCOVER
WOMEN

Solution on page 162

Monk

Y U R X A G C V S M D M G Z J B O X U L
J I E Z B M O B R A C Z B C C S L Q X T
V S G I G A A K X S O R A R E H E Q D P
J P E K C D O R F S H S A I B O H P J P
R D E C R O V I D I E E L K Z M T J I E
C J T I O G E R M S F A T E N I E J S W
K I A A W M D P R T T U T Y V C D J K N
O N S M U M P E G A I N R O F I L A C Z
A B R S D C D U N N A E A N U D E I A H
V O S E S R U N L T T K P J N E V L B V
V J A E U M G K L S W B D V N F I W H C
J T P M S D Y U Y H I D E Y Y I N M S D
H Y A Z G S S M B K D V T R K W E C A C
F O R G A N I Z I N G S E M I R C X L U
C W T S O M P V L Z D O C T O R I V F R
A G M C R O B B E R Y P T C Q C L U E S
A C E A F L X R A A N X I E T Y T W Q E
D C N R Y E V L O S G H V F V Z E L G Q
B Z T E G E N I U S T H E R A P I S T N
T R U D Y E B M K R E H S I D C N C U G

ADRIAN
AMBROSE
ANXIETY
APARTMENT
ASSISTANTS
CALIFORNIA
CAR BOMB
CASES
CLUES
COMPULSIVE
CONSULTANT
CRIMES
CURSE
DEATH
DETECTIVE
DISHER
DIVORCED
DOCTOR
DRAMA
FEAR
FLASHBACKS
FUNNY
GENIUS
GERMS
HOMICIDE
JAIL
JOB
MURDERS
MYSTERY
NATALIE
NURSE
OBSESSIVE
OCD
ORGANIZING
PHOBIAS
QUIRKY
ROBBERY
SCARED
SOLVE
TED LEVINE
TEEGER
THERAPIST
TRUDY
WIFE
WIPES

Solution on page 163

The Rockford Files

T E I Q R R H T U E L S H J L E J W X H
V C H S U E S M S G L O T B E G U N T N
D I O N I E L J C S G C R I M I N A L S
S L B L R O I I K A L N O I T R O T X E
U O E R D M Z K A I L D N F L L S S I S
X P A O M C Y R E R E I D A A F I O Q N
K W C Y O P A N H P T S F S M R R P X E
A C H H N Q T S A N A S E O A I P E E P
S U A U E S N R E N O D W P R E E K E X
O F S G Y K T U D S I I K T D N W I A E
P J E G H M Q C H C A F T G E D I M T H
I D V I E N A R I F Y H I A C X A A T B
P M I N A S R M U L R C C G C T C E O G
F A T S T C O O K I E J A R H I B O R Y
L L C L G H C T B L B G P C A T D Y N R
X I E I D S K I L O B D W P P C R N E E
O B T E F L Y M R V O R H K M G B W Y T
D U E I U I A R E D R U M F A T H E R S
D L D N B T C A I T N O P S N E E M Z Y
X F I R E B I R D P A L V N M U S S F M

ARREST
ATTORNEY
BEACH
BETH
CALIFORNIA
CAR CHASES
CELLMATE
CHAPMAN
CLIENTS
COLD CASES
COOKIE JAR
CRIMINAL
DEPARTMENT
DETECTIVES
DRAMA
EX CON
EXPENSES
EXTORTION
FATHER
FIGHT
FIREBIRD
GIRLFRIEND
GUN
HOMICIDE
JIMMY
LAPD
MALIBU
MIKE POST
MONEY
MURDER
MYSTERY
PACIFIC
POLICE
PONTIAC
PRISON
ROBBERY
ROCKY
ROY HUGGINS
SAN QUENTIN
SANDCASTLE
SLEUTH
SYNDICATION
TRAILER

Solution on page 163

Police Words

U M C I N J T G N P V I C T I M K F P P
S W S H T L Q A K B O U U I R G L J A P
H G J X G Y F N E R I S K C G A U J H F
B B F T F I H G L B D L V K R B N N B F
V E T K W P X T I P A M R E A Q O O M T
B J N G A L U K A R R E S T F J S I T Y
M W U D E E N L J O T O O H E U I T C S
T M W V P N J D F S U N T M I W R A E B
S T M Z D Y N I L B A D G E H Z P T P L
N H C A O H N O T R A F F I C T I S S Y
L K G R C U H N S T U O E K A T S G U S
R H D M R E V O L V E R T I E E O G S T
M E M T T T N I M Y Z R N N C X H R R S
R J A U N S G T R I O T G U A J V W G W
U E T J A U T A W S C A R M U R D E R C
B J N F E B L T S D R I V E L O R A P V
Y L E T G G P I K D T D D E N I N A C Q
I T Z B R E D C U Y T Y M E D A C A W J
Y P A U E A D U T Y I C P R J B J A K M
I X B R S O P C J S G R D Q L J L M D U

ACADEMY
ARREST
ARSON
BADGE
BATON
BEAT
BURGLARY
BUST
CANINE
CAPTAIN
CHIEF
CITATION
DRAGNET
DUTY
FLARE
GANG
GUN
HOLSTER
HOMICIDE
JAIL
JUDGE
LAPD
MACE
MURDER
NYPD
ORDER
PAROLE
PARTNER
PRISON
PROTECT
RADIO
REVOLVER
SAFETY
SECURITY
SERGEANT
SIREN
STAKEOUT
STATION
SUSPECT
SWAT
TICKET
TRAFFIC
UNIFORM
VICTIM
WARRANT

Solution on page 163

Dexter

B X Q V V G P N Z R T R A U M A M A R D
T O A L I L H O U S E Y E F Y J A Z O D
B G D K H C V U L T O H A J I P N S M Q
C N S I T E T L S S J M E M O S E U R G
A J K J E G N I K K I R E H W Y G V M N
L L C Y L S S E M L S C I T O C R A N I
A S A H E N I U Y S C T R R E H C T U B
U T B O P E Z T V N I O R E H O H L B B
G N H M H T C E H F S T K K U T G B L A
M I S I O E H N N S N M C G U I L T Y T
K J A C N M C A E Y E U P S I C B Q Q S
J U L I E B E N Z L R M U R D E R J U R
H N F D H C I T E T O E M O T I O N S D
T W G E O T H S E D F I V E C I T S U J
J S H N P R P C E D I S V O O K H B S A
D N Y M I R I T P N B V L S C D E A T H
V O E L O L P P S L I D E S O S R V K N
A V L C A O L H D N E I R F L R I G R L
Q E I Q D N Q I H J F H F L O R I D A B
R L U A V H A Z K Z Q Q H W F H A G D Q

ADOPTED
ANALYST
BODIES
BROTHER
BUTCHER
CORPSE
DARK
DEATH
DISCOVERY
DRAMA
EMOTIONS
EMPTINESS
ERIK KING
EVIDENCE
FAMILY
FLASHBACKS
FLORIDA
FORENSICS
GIRLFRIEND
GRUESOME
GUILTY
HEROIN
HOMICIDE
HOUSE
ICE TRUCK
JULIE BENZ
JUSTICE
KILLING
LIEUTENANT
LILA
MURDER
NARCOTICS
NOVEL
OCEAN
PSYCHOTIC
SISTER
SLIDES
STABBING
TELEPHONE
THRILLER
TRAUMA
VICTIMS
VIOLENCE

Solution on page 163

Criminal Minds

B T I P A R A N O I D Q X M Z A P C E N
C L A O B J G I G I V D D C I B T M Y D
L P O J C T O Y D Q I S T C E P S U S Q
S E R O O M R A M E H S R H K E S T P U
R M O R D E X N R U M A A N A G R O M T
W K I E E S M R C W G V G I Z A E N C D
A U W T J K D A Q R I M F I Z T L X R R
A B D U C T I O N O I T C I D S I R U J
J X Y P A I O L R T D M N B T O F E O G
B Y A M K I V A L Z E E E E I H O D S L
C K I O P O L I C E B G A S S M R R I A
E R I C A M E S S E R M N T C S P U S A
C V I D X Q J C F E A S V A H E Q M Y T
N X Y M N U M X M B F S O L V I N G L H
E R I R I A N E R R I M N O M I S E A M
D D K S E N P U J A S O N G I D E O N T
I R B F U T A P K J H Q P R Z J D A A N
V C A H W I S L I R E C N E P S J M U V
E B U M J C C Y S N R O S S I I M I Y E
P T D E A O U R M A G E N T S E A R C H

KIDNAPPING
KILLERS
MEDIA
MORGAN
MURDER
MYSTERY
PARANOID
POLICE
PROFILERS
QUANTICO
ROSSI
SEARCH
SHEMAR MOORE
SIMON MIRREN
SOLVING
SPENCER
SUSPECTS
TEAM
VICTIMS
WITNESS

A J COOK
ABDUCTION
AGENTS
ANALYSIS
BAU
BEHAVIORAL
BLOOD
CBS
COMPUTER
CRIME SCENE
CRIMINALS
DEATH
DEBRA FISHER
DR REID
DRAMA
ERICA MESSER
EVIDENCE
FBI
GARCIA
GIGI
HOSTAGE
JASON GIDEON
JOE MANTEGNA
JURISDICTION

Solution on page 163

Magnum, P.I.

Q R Z X W E P E L G C R N T G T K J E M
P M A D V E N T U R E S A C T I O N J D
N O Z M A N T E I V E H M Y S T E R Y K
H I G G I N S M Y S R I R A R R E F E H
I N V E S T I G A T O R E I A N W S T A
B L B N H N A C E C B F B A I E T U M J
J B U O A U T H O R I N O W B A E R R B
Z G U L E D S V O H N U D U T L W B Q L
K S E C U R I T Y L M L A E S Y V A N B
E C J P H A G A T H A C H U M L E Y H J
T W E B E A C H A B S E I R U X U L R K
A P O L L O O Z L H T H O M A S B C N V
S U L U L O N O H R E T P O C I L E H F
O T D T E E R U R Q R E D N E T R A B R
T B N T H A S H B A S E B A L L C A P P
A O A E C Y P M B L G S V M W Z A Y Z S
R A L B I R R G O F F I C E R E D R U M
W H S I M L J D E T E C T I V E I E D J
G U I B P E C I L O P D C S W V Z Y C V
H V K X G V E E C P G K W J I S H G H I

ACTION
ADVENTURES
AGATHA CHUMLEY
ALOHA
APOLLO
AUTHOR
BARTENDER
BASEBALL CAP
BEACH
CAROL BALDWIN
CASES
CBS
CLIENTS
CRIMINAL
DETECTIVE
DOBERMAN
ESTATE
FERRARI
GUEST HOUSE
GUNS
HAWAII
HELICOPTER
HIGGINS
HONOLULU
INVESTIGATOR
ISLAND
LUXURIES
MICHELLE HUE
MURDER
MYSTERY
NAVY SEAL
OAHU
OFFICER
PILOT
POLICE
RICK
ROBIN MASTERS
SECURITY
SLEUTH
THOMAS
TOM SELLECK
VIETNAM
ZEUS

Solution on page 163

Without a Trace

C Y M C G U N S T S E R R A G E N T S E
I E R M V E T A G T C H P J G X B S X X
T U P S W H Z A H T N A M A S C O A V T
L X N D A U Q S E L E H F Y J B S P D T
M I Y R E T S Y M L D N O F L Z S O I K
V S H O O T I N G S I X N K A M J T B O
U R Q L W E E K T D V F P A I I P Z F E
W J O H N M I C H A E L O T I O R F A E
L E E V W O E N T V J N C R L R I S L C
B B Y Y K P I I F I N I O I P C A S E R
Y O S P S I E T L O V G C L E T O M O O
J P K U A E D N A Y R E G R A V A L E V
V R S M B R A N C G K M I I I M Y J C I
L I A G Z L E X A W O C A O D A K R S D
M R V M I W U H X P C R L T T F I C E B
D A C I Y B Q P T L P E R Y I M Y N A P
D S E O A E V L O S N I N E I O N Y R J
M A R T I N K S N C S N N N T T N A C D
I K G J Z F E D E R A L A G E N T R H E
S Z Z Q V F W H X D D L S T A T I O N R

AFFAIRS
AGENTS
ARRESTS
BOSS
CASE
CRIMINAL
DANNY TAYLOR
DETECTIVE
DIVORCE
DRAMA
ERIC CLOSE
EVIDENCE
FBI
FEDERAL AGENT
GUNS
INFORMATION
INTERROGATION
JACK MALONE
JOHN MICHAEL
KIDNAPPING
MARIANNE
MARTIN
MYSTERY
NEW YORK
OFFICE
PAST
POLICE
PROFILE
SAMANTHA
SEARCH
SHOOTING
SOLVE
SQUAD
STATION
SUSPECTS
TEAM
THERAPY
VICTIMS
VIOLENCE
VIVIAN

Solution on page 164

NCIS

W S F Q K X S J B Y W T E R R O R I S T
M S R E D R U M I L I T A R Y O J Y H E
C P O L I C E S C I E N C E W M U V M C
R E D G S I R A W S A H I R A R K A Z H
T C R I M I N A L H O L L I S M A N N N
N I G D X W G G L A U R E N H O L L Y O
E A E V I T A G I T S E V N I A A B O L
M L R F P M A R K H A R M O N E N N Z O
E A A E N A F L W D F E A D G E O S Z G
C G L C B E U T H G I L I W T L I P O Y
R E D N A X E L A A H S A S O E T R N E
O N J E B T A T A G E N C Y N L C O I C
F T A D B A U S S C Y K C U D L I C D N
N H C I Y V T V C A A N P R C E F E Y A
E I K V T I O N E B C S Q U P H E N N V
W B S E D Z P R J U R I S D I C T I O N
A F O R E N S I C S E H S I B I C R T O
L W N F X G Y R E T S Y M S D M W A P E
V R D T I M O T H Y M C G E E Y K M T L
A C Q S P S B B I G O R H T E J R Z I M

ABBY
AGENCY
ARI HASWARI
AUTOPSY
BENOIT
CBS
CRIMINAL
DNA
DUCKY
EVIDENCE
FBI
FICTIONAL
FORENSICS
GERALD JACKSON
HOLLIS MANN
INVESTIGATIVE
JESSICA STEEN
JETHRO GIBBS
JURISDICTION
LAUREN HOLLY
LAW ENFORCEMENT
LEON VANCE
MARINE CORPS
MARK HARMON
MCRT
MICHELLE LEE
MILITARY
MTAC
MURDER
MYSTERY
NAVY
NIS
PAULA CASSIDY
POLICE
SASHA ALEXANDER
SCIENCE
SPECIAL AGENT
TECHNOLOGY
TERRORIST
TIMOTHY MCGEE
TONY DINOZZO
TWILIGHT
WASHINGTON DC
ZIVA

Solution on page 164

CSI: Crime Scene Investigation

E Y G C R L T L U N X K F B N G Y A K T
X O P G J G P S E G A M I Z G Y B C Y Y
B V R D N A N M V T Z I B V H F E O O O
Y W V J I D P I N N N Z S X T V W W Q K
T H U V O A Z T L K S N M R B T L Y W V
Y H A D K V K C Q B R R U Z R L A T E J
F M G I L E D I C I M O H N X T W H O T
X I B H R N V V G D C A Y W L A G J Y E
X R E C R E Q U G G J L G W Y S C S D S
G P L L E R N S B I Z A R R E I X A O T
U J T H D S R O T M L S U R C N U R O I
M C E H R B E K R S S J U N U S U A L N
D I C N U E A E C O E T N E L O I V B G
K L A G M Q L V I M C S C J M B T M R R
R X R M Z L I P H I H Q A E P T T I O B
F W T G I O S A P T A I M C P L S E M B
R J H K A E M K A E L L N X B S N X A C
U I R D L D W E R L K E V L O S U I N M
I P E I S I D A G D Z K N M A F D S C M
X R F Y O V D B A Z Q L Y P O L I C E K

BIZARRE
BLOOD
CASES
CORONER
COURT
DEATHS
DNA
FIELD
FILES
GAMBLING
GIL
GRAPHIC
GRISSOM
GUNS
HAIR
HOMICIDE
IMAGES
JAIL
JURY
KEPPLER
KILLER
MIAMI
MOB
MURDER
NEVADA
NEW YORK
NICK
PICTURES
POLICE
REALISM
ROMANCE
SARA
SOLVE
SUSPECTS
TEAM
TESTING
TRACE
UNUSUAL
VICTIMS
VIDEO
VIOLENT

Solution on page 164

CHAPTER 5: **Medical Shows**

Doctors on TV

C N A I C I S Y H P A T I E N T Y F L X
I N T E R N S Y M O T A N A S Y E R G B
T I D E C I T C A R P E T A V I R P S N
Y C O Y C N E G R E M E C N A L U B M A
O H C T A W D R I H T H E N U R S E S F
F M T L A T I P S O H S R O T C O D A L
A N O U E C N E D I V O R P Y J P R T M
N U R Y N H O J R E P P A R T K X H R E
G N I S I R S E R U T A R E P M E T A D
E N N Q C H I C A G O S T O R Y N L U I
L O T B I S T B Y B L E W S U C R A M C
S E H E D R C H I C A G O H O P E Q A A
Y G E N E R A L H O S P I T A L H R W L
C R H C M F V C I T Y H O S P I T A L C
N U O A G J L S T E L S E W H E R E H E
I S U S N G I S L A T I V B L O O D C N
U H S E O O C S R O T C O D W E N E H T
Q C E Y R N R Y B R N D R K I L D A R E
D N A L T R A E H V W H E E L C H A I R
E B R E S W O H E I G O O D S C R U B S

AMBULANCE
BEN CASEY
BLOOD
CHICAGO HOPE
CHICAGO STORY
CITY HOSPITAL
CITY OF ANGELS
DOCTOR IN THE HOUSE
DOCTORS HOSPITAL
DOOGIE HOWSER
DR KILDARE
EMERGENCY
GENERAL HOSPITAL
GREYS ANATOMY
HEARTLAND
INTERNS
LA DOCTORS
MARCUS WELBY
MEDICAL CENTER
NORTHERN EXPOSURE
PATIENT
PHYSICIAN
PRIVATE PRACTICE
PROVIDENCE
QUINCY
SCRUBS
ST ELSEWHERE
STRONG MEDICINE
SURGEON
TEMPERATURES RISING
THE NEW DOCTORS
THE NURSES
THIRD WATCH
TRAPPER JOHN
TRAUMA
VITAL SIGNS
WHEELCHAIR

Solution on page 165

Grey's Anatomy

L L W W W P D M N E I T P A T I E N T S
S B V Q D U N U S X Z I P Q K F O U E A
D S Z E A F R P E S Z A R S R O T C O D
X C E L R S F F A M I L Y Z O E N T P E
S S X N E A L K T V E E R I C A H A H N
Y R L S L X K W T F A I A N L O C R Y I
K D E A A L I X L R G D A U C L R Q S C
P O E M T R I E E L N M B P B W U F I I
I K U M I I A G G L O M D T R H H O C D
S O E L O E P R N R A S Z T E T C J I E
S D D O N C H S A I E V A Y S I L S A M
O H N V S T T Z O M D Y C N I D F U N I
G I U E H D O B L H I N P E D E T R S R
C N O S I D D A S A E R E Q E R N G T C
D T E X P R P R K G T L E T N E A E T L
E E X W S O F M R R A X L Z T M N O U R
N R A M A R D E A C R M C E S A G N H B
N N M T F I M C M W E D D I N G E S X U
Y S V L H E S Y L B P X L G E O R G E N
I L A C T W P L G C O G H V N N P O I H

ADDISON
ALEX KAREV
ALZHEIMERS
AMBULANCES
ATTENDING
BAR
CHURCH
COMEDY
CRIME
DEATH
DENNY
DOCTORS
DRAMA
ELLEN
EMERGENCY
ERICA HAHN
EXAM
FAMILY
FRIENDS
GEORGE
GOSSIP
HOSPITALS
ILLNESS
INTERNS
IZZIE
LEXIE GREY
LOVE
MARK SLOAN
MEDICINE
MEREDITH
NURSES
OPERATE
PATIENTS
PHYSICIANS
PREGNANT
RELATIONSHIPS
RESIDENTS
ROMANCE
SANDRA OH
SARA RAMIREZ
SEATTLE
SURGEONS
WEDDING

Solution on page 165

General Hospital

B W O S Q Z R H C F F A T S R G S S N X
W E D D I N G T A E Y U R E M P X Q U S
Y S T K C K D A R N Y O N C I J D D R S
P U P R D R R E L A T I O N S H I P S E
M B I S A O A D Y C D H E C G S Q M E N
I M F C Y Y M T O S S L O L O U P P S K
E O H K T W A D Y T L T U N A Y L S Q C
V I A I I E F L N I T L N R Y S U I J I
S P M D M N L E L B U Y T C V G K C M S
H R O N E E I A A L C E B A U R E N E H
G O B A K T F L U O R R R S M K S A T A
Y C S P A F D O R M F E E S A Y P R R D
N S T P A W P I A M P I N A R M E F O Y
J X E I I U N I S O B U D D R U N E C B
M A R N Y T N W P N O L A I I R C I O R
N S S G H E A A E E R O R N A D E N U O
Q J L O S D O L N Y H V R E G E R E R O
T U S A N S R I C K W E B B E R W G T K
R I L L N E S S E L R A H C T R O P R A
Y W O N T C O E R O M A N C E W G A B V

AFFAIRS
ANTHONY GEARY
BETRAYAL
BRENDA
CARLY
CASSADINE
CRIME
DAYTIME
DEATH
DOCTORS
DRAMA
GENIE FRANCIS
HOSPITAL
ILLNESS
JASON
KELLYS DINER
KIDNAPPING
LAURA SPENCER
LOVE
LUKE SPENCER
LULU
MARRIAGE
METRO COURT
MOBSTERS
MONEY
MURDER
NEW YORK
NURSES
PATIENTS
PORT CHARLES
QUARTERMAINES
RELATIONSHIPS
RICK WEBBER
ROMANCE
SCORPIO
SCOTT BALDWIN
SHADYBROOK
SICKNESS
SOAP OPERA
SONNY
CORINTHOS
SPINELLI
STAFF
WEDDING

Solution on page 165

Scrubs

R V S Y W E T Z J R G K K R Q J O K X H
R J N G D S S U S N O E G R U S P B D S
B M A Z O Q D V R J E I F T L M X M D N
O E G I R Y O D H K M T L E H V G E C A
B F F A R B H C A Z T H K O I E B N O H
K S A E W E W W P Y Q R S N C H T T M T
E S Y N M N T A A G D P T A Z K C O E A
L E V R R E T E P J I R N R G P L R D E
S N D F Z I R X F T J E E R F P B E Y D
O L I R E G W G A A S F D A S H U N A S
Z L N N C X N L E U C I I T M Y M I K R
O I T E M O T I O N A L S I R S G C Q O
R S E A Z D X I Y L C Z E O O I B I A T
K S R R R R R S G D W Y R N F C L D B C
M O N O N A M R E P U S L N I I Y E E O
F E S T L Y R Y B S S A A A N A T M G D
Y G N I H C A E T P N K L D U N M G N P
B Z H N N A T S I G O L O R U H B A D A
S K N A R P Y P X D W D J O A D J X R U
R Q X J R R H F M N H B X J Y C P P Y D

BEDS
BOB KELSO
CAFETERIA
CARLA
CHIEF
COMEDY
DAYDREAMS
DEATH
DOCTORS
DR COX
DR KELSO
DRAMA
DYING
EMERGENCY
EMOTIONAL
HILARIOUS
HOSPITAL
ILLNESS
INTERNS
JANITOR
JORDAN
JUDY REYES
KEITH
KIM
LIFE
LOCKLEAR
MEDICINE
MENTOR
NARRATION
PATIENTS
PHYSICIAN
PRANKS
RESIDENTS
SUPERMAN
SURGEONS
TARA REID
TEACHING
THE TODD
TURK
UNIFORMS
UROLOGIST
ZACH BRAFF

Solution on page 165

Hospital Words

V I S I T O R S I A T T E N D A N T S P
K A N T G Q F R I A H C L E E H W T N W
B C O T K A Y R O T A R O B A L B X J I
N H I G E F O P Q R P O H S T F I G I N
S I T S M R E R D T H E R A P I S T S G
G M A T E R N I T Y A U C D O C T O R S
W J T L A D O S S R R C Z N I V Q W H D
W S S T P L I G U U M C U R A C D W Q R
A N I E O A X A P J A E T P I L R W T A
E O P G S B H W P N C A E H R I U J N W
N E Y E I R S C L I I Y S Y E N G B E Y
I G C R N P U T I D S B M S T I S N M R
C R N I U S T N E I T A P I E C S O T A
I U E A V W I P S T I G B C F X D M A M
D S G T C O R O N A R Y O I A N R Z E R
E D R R N A I C I T E I D A C A O D R I
M J E I N S U R A N C E C N Z P C O T F
F V M C V O L U N T E E R S M D E O P N
U J E S T N E D I S E R O R D E R L Y I
N U E I X R Z P U J V M Y N E B A B F W

AIDES
AMBULANCE
ATTENDANTS
BEDPAN
BLOOD
CAFETERIA
CARDIOLOGY
CHAPLAIN
CLINIC
CORONARY
DIETICIAN
DOCTORS
DRUG
EMERGENCY
GERIATRICS
GIFT SHOP
INFIRMARY
INJURY
INSURANCE
INTERNS
LABORATORY
MATERNITY
MEDICINE
NURSES
OBSTETRICS
OPERATION
ORDERLY
PATIENTS
PEDIATRICS
PHARMACIST
PHYSICIANS
RECORDS
RESIDENTS
SHOT
SICK
STATIONS
SUPPLIES
SURGEONS
THERAPISTS
TREATMENT
VISITORS
VOLUNTEERS
WARDS
WHEELCHAIR
WINGS

Solution on page 165

Doogie Howser

H E R E H T O M S S E F I L C S D E Z W
N A S E U U F C J R U B A O K U L A P F
Q W R A G W A C O E G K N T U R I O R G
N H V R E A G I V M N I X U H G O H O N
U A O E I S N D Y R P I S D N E I R F P
R O C S R S I E O L L U C Y B O R Y E R
S I A I P D C D E O R Z T I D N H D S I
E U O D N I I D O T G E R E D T G R S N
H H I E P R T H E S T I D R R E E A I C
E I N N I V C A X E B D E R G F M M O E
Q H A T E S A M L L N K V M O C A E N T
F D I X H G R E B E S T F R I E N D S O
Z C C G M U P O I G R A I W P C D Y A N
Y L I M A F C R V N M A X C A S E L L A
D H S K B H F P C A L I F O R N I A G J
C E Y H C L P R E S S M A N E F D W U M
U N H O R Z C S R O T C O D N P K A O P
O E P I Y B R I L L I A N T T L O U D R
K S G X A R Y Y R K T R A M S D I A R Y
O X V W I K H S H J L M L F C O M E D Y

ABC
BEST FRIEND
BOCHCO
BRILLIANT
CALIFORNIA
COMEDY
COMPUTER
DELPINO
DIARY
DISEASE
DOCTORS
DOOGIE MICE
DR DOUGLAS
DRAMEDY
FAMILY
FATHER
FRIENDS
GENIUS
GIRLFRIEND
HARRIS
HIGH SCHOOL
HOSPITAL
LIFE
LOS ANGELES
LUCY BORYER
MAX CASELLA
MEDICINE
MOTHER
NURSE
ORDERLY
PARENTS
PHYSICIAN
PRACTICING
PRESSMAN
PRINCETON
PROFESSION
RESIDENT
SMART
SURGEON
TEENAGER
VINNIE
WANDA

Solution on page 165

Northern Exposure

Q W H Q P W L B W E K V U H E J S D B H
D U L K M L E M U U V N W O T L L A M S
I V S N N I O M N S C O F Y L E C I C T
L K O U R O J A N H H J L N I B R O C C
B Z E F S A T C I Q E P E F D Z O G T P
D J K E X I B G X G N A I C I S Y H P F
W K E E V W L K N Y W N S L O V A N C E
F R I E A I Y Q C I N A C T O E M N Z T
T P H T A S Q X L I H U H H R T H T C C
H N R K I R L D M S R S M K O O H Y U R
I S D Y L L E H S V J B A W J Q N G Y E
T N I M L R L T C Z D E N W C T F A S M
A W Z W N D H A R O G Y C O H H Z L U O
E O T E E M T B C O L E M I U E V C H T
N N S S S J R T E I P E A N R C H K A E
I S R P S U O E R C D E T R J U S L Z R
L U E V M R N A E Y O E R K Y D A A N A
C N N G U U M T L B R H M B C S L M B Q
E J U T Q Z D Q P O B Z X P K Y C O E N
F F H X I X Y J B K G A M A G G I E C K

ALASKA
ASTRONAUT
BEER
BRICK BAR
BUSH PILOT
CHIGLIAK
CICELY
CLASH
COLD
COMEDY
CORBIN
CURSED
CYNTHIA
DOCTOR
DUMPS
FLEISCHMAN
GEARY
HUNTER
ILLNESS
JEWISH
JOEL
JOHN
KBHR
LOVE
MAGGIE
MARILYN
MAURICE
MAYOR
MEDICAL
MINNIFIELD
MOOSE
NATIVE
NORTH
PHYSICIAN
REMOTE
REPORTER
ROB
RUTH
SHELLY
SMALL TOWN
SNOW
TREES
WASHINGTON
WILDERNESS

Solution on page 166

Nip/Tuck

S I M A I M U R P H Y T Q Q R S J Z F A
U R E B L I W P U Q G B E A U T Y K K X
R W A P K A T E T I N S L E Y E I N N A
G L A C I D E M E Y E L S N E H N H O J
E J S R O T C O D I A E Y B Q L R T L S
O U Y D G Y F R S H S S R W P A E Z I I
N L S L N C O K S E D O Q H Z S V U V N
S I G O I W M R I M A R R R P A R R I Q
P A U I P M A T T M C N A M A R A C A O
G N E H N M A A I S B E M M N D C E L L
Y M G S A A A F I K E E S C A O E I O I
M C D L D N R C R N M L R R N H H R R V
I M U A N X E U O M R L E H U A T E D E
M A B W I F D M S N K O I G E N M L E R
P H N N L Q E R O S U C F Z N N S A E P
L O W A F X N E T W O R K I C A R V R L
A N A L U F L O R I D A B O L R S Y K A
N E D Y M M O F E R O O M A V A U O A T
T B Y D V A R B N A I T S I R H C Z L T
S E M A J D D O O W Y L L O H O H P Y F

ANNIE
AVA MOORE
BEAUTY
BRUNO CAMPOS
CALIFORNIA
CHRISTIAN
COLLEEN ROSE
DAWN BUDGE
DOCTORS
DRAMA
DYLAN WALSH
EDEN LORD
FAMILY
FLORIDA
FX NETWORK
GINA RUSSO
HOLLYWOOD
IMPLANTS
JAMES
JOHN HENSLEY
JULIAN MCMAHON
KATE TINSLEY
KIMBER HENRY
KIT MCGRAW
LASARDO
LINDA
LIZ CRUZ
LOS ANGELES
MATT MCNAMARA
MEDICAL
MIAMI
MURPHY
NURSE
OLIVER PLATT
OLIVIA LORD
PAULA MARSHALL
QUENTIN
ROSIE
SEAN MCNAMARA
SURGEONS
THE CARVER
TROY
VALERIE CRUZ
WILBER
WOMEN

Solution on page 166

M*A*S*H

B P T B F C G W N C Y V A A H U M O R B
H C O Z I X D O C T O R S T U C Y E O F
F J N T K C H O P P E R S W A M P M B C
T B J G T L H B W Z G O P U E P B B R Y
T O E O E E I A Z S P N Y O A S I W U A
M P E B S S R N P N E G I R R G H O S V
J L P G J F U H G L I O T T A A X E U F
S O S Z A R X I O E A A O H H T L K P V
N V K R S I S A N S R I S G L G I R P L
W E E E H K R I M K P T N M N O I L L Z
J O S Q S O R T A Y N I T B D D M F I U
S B U T R T T E R E K B T R E O O R E M
P B X N A U L L T N U S A A B B O A S Z
Q S L L D S S E I R U J N I L J C N Z J
T E G F A E E R N P S L L O A L W K I N
Q P Y Z R Q D S I O S E O M E D I C A L
T Q B N Y N S U S L L D O R D G P A R Q
D G L F V W J O B E J O K C H A R L E S
R W J B X S C N L B R B C P A Y R U A Y
D V Y E U C U B X H R D E A T H Y C S N

ARMY
BED
BLOOD
BOMBS
BURNS
CHAPLAIN
CHARLES
CHOPPERS
CLERK
COLONEL
CORPORAL
DEATH
DOCTORS
DOG TAGS
DRESSES
DRINKING
FIGHTING
FRANK
HOSPITAL
HOT LIPS
HUMOR
INJURIES
JEEPS
JOKES
KLINGER
LATRINE
LOVE
MAJOR
MARTINIS
MEDICAL
MILITARY
MOBILE
NURSES
POTTER
RADAR
SIGNPOST
SUPPLIES
SURGEONS
SWAMP
TENTS
TRAPPER
TRIAGE
WARFARE
WOUNDED

Solution on page 166

ER

B W Y X B B F W E D K Y I U A Q Q Q M N
O L P J O T D S S D B H G Y V Z J R X M
S R O T C O D R U G S E T I N J U R Y T
E K E O U S J B J L K C F E L P O E P R
S L S T D H O S P I T A L I Y R Y C L A
R S U S P X H M A R I A B E L L O N O U
U C R O T O N Y A M B U L A N C E A G M
N I G A Y R C R Y T E S T N E D I C C A
Z D E B T I A I D I S E A S E O P A S A
Z E R B O S R H L L E N E E R G K R A M
T M Y Y N E T S C E E N H R U A Z C L A
L A Y E Y C E S E C H I W O C L G R L R
G R G B G G R K E I P A F H J U I A Y D
A A O G A C I H C U L R S G T K N S F T
S P L D T B S S O R G U O D N A T H I T
D Z N X E K O R T S W A G E I I E Z E B
E A E M S N O A H W Y L E R C A R D L A
B J I L L N E S S T N E I T A P N T D L
F Q H X R J N Y E N I C I D E M S W S W
I C I G Q X J C C C M D T P S G C I N A

ABBY
ACCIDENTS
AIDS
AMBULANCE
BABY
BANDAGES
BEDS
BLOOD
CANCER
CAR CRASH
CHARTS
CHICAGO
DEATH
DISEASE
DOCTORS
DOUG ROSS
DRAMA
DRUGS
GUEST STARS
HELICOPTER
HOSPITAL
ILLNESS
INJURY
INTERNS
JOHN CARTER
JOHN STAMOS
LAURA INNES
LIFE
LUKA
MARGULIES
MARIA BELLO
MARK GREENE
MEDICINE
NOAH WYLE
NURSES
PARAMEDICS
PATIENTS
PEOPLE
SALLY FIELD
STRINGFIELD
STROKE
SURGERY
TONY GATES
TRAUMA

Solution on page 166

St. Elsewhere

U M B M I M S I E J O H N F A L S E Y V
O M R O S D R E D N A L H C S U A O N B
R Y Z M S M H C I L R H E R D U V H Y R
E J G Y U T R V U S T N E I T A P U U W
N F Y D E G O S G N I H C A E T H P A D
A F N E S N I N H C C I T S I L A E R J
V A A M L N E A I U E A Y R E G R U S X
A T B O B G S D R A F D N D P H W T R K
C S R C T Y E L Y C I N N C U R E L E N
X A U K O M R B E I K A A G E L S S F T
C V M C E P M E D U M R H G I R T Z M O
E R J A S Z E T N E M B A G E N P V S G
B E D L R I K R I N E A I M E L H G I P
O H H B O D F W A A I U S D O S A L T L
L T X N M F O E L T S H I N E E L Y U A
G U N R D H K E N H I S W K E N L R A L
W L A T I P S O H Y E O O F E B K Z Q R
O D R V V Q S I T R A J N S E S R U N V
N O M R A H K R A M R W S S R O T C O D
S N O E D I G N H O J G C R Q S Q X W G

AUSCHLANDER
AUTISM
BEN SAMUELS
BLACK COMEDY
BOSTON
CANCER
CAROL NOVINO
CAVANERO
CURE
DAVID MORSE
DOCTORS
DR EHRLICH
DRAMA
ED BEGLEY JR
HOSPITAL
HOWIE MANDEL
HUGH BEALE
ILLNESS
ISSUES
JOHN FALSEY
JOHN GIDEON
JOKES
JOSHUA BRAND
LUTHER
MARK CRAIG
MARK HARMON
MEDICINE
MIMSIE
MRS HUFNAGEL
NBC
NURSES
OPERATIONS
PATIENTS
REALISTIC
RESIDENTS
SNOW GLOBE
ST ELIGIUS
STAFF
SURGERY
TEACHING
URBAN
WAYNE FISCUS
WESTPHALL
WHINNERY

Solution on page 166

House

T N M R T B W S M C V D W L M Q A T L A
A I Z U F K C M G J Z T E A R D R O P S
M I D C F V S I S O N G A I D I X Q P V
R O C H W Y Y M R Y W L I M P S L L I P
T R M H T H E S Z T B E N D P E H D N R
V L S P A L L I S O N M F P T A H D A B
C L A Z B S A O R S R E E D V S F H E P
X N C O P A E E M M N R C A M E R O N N
H M R S B A K O H I A G T C R S I S F N
K P A N W B T T C M C E I G E L E P O E
F B S Z W P R I O Z C N O T E C N I R P
S I G U M E D R E P N C N J V F D T E L
N N F Y B E P T U N B Y O Y X C X A M A
Y J S O M M A D O C T O R S A W N L A K
S U R G E R Y U J H S S E N L L I I N T
D R N T E S T S Q G R S C U H C D E I T
O Y G P V P X E U U P E D R T T O S A L
H V O U H C I R E H R S E S A Y C X P C
Q X Q I K X D D R A M A B E E C I F F O
P Y I L A S V C K T V C E S D R V I H Q

ALLISON
BAD HAT
CAMERON
CANCER
CASES
CHASE
DEATH
DIAGNOSIS
DISEASES
DOCTORS
DRAMA
DRUGS
ECCENTRIC
EMERGENCY
ERIC
FOREMAN
FRIEND
HEALTH
HOSPITAL
HUGH
ILLNESS
INFECTION
INJURY
KAL PENN
LEG
LIES
LIMP
MEDICINE
MRI
NURSES
OFFICE
OMAR EPPS
OPERATE
PAIN
PATIENTS
PILLS
PRINCETON
PROBLEMS
ROBERT
SARCASM
SURGERY
SYMPTOMS
TEARDROP
TESTS
VICODIN

Solution on page 166

CHAPTER 6: **Reality TV**

Reality Shows

B U L L R U N A R E M A C D I D N A C S
F R O N T I E R H O U S E R D X E E A L
O B I G B R O T H E R B L O N P W T R L
R L S E F I L Y T I N R E T A R F H E I
E F P A J K T A W J X E B C L O F E Y H
V J O K M R N M S H R X R A S J E M O E
E O C R R E A E C A E E I F I E C O U H
R E O U D V R R I V D C T E N C I L H T
E M M N P O U I T E N A Y N O T T E O R
D I B D P E A C C R E R M E I R N F T A
E L A E I K T A A A T G O B T U E I B D
N L T R M A S N T G N N L E A N R L O I
C I M O P M E C E E O I E H T W P Y O N
O O I N M E R H R J C Z N T P A P T T G
D N S E Y M E O A O E A T V M Y A I C S
E A S R R E H P C E H M T O E N E R A P
R I I O I R T P S W T A H V T N H O M A
O R O O D T X E N S L R I G E H T R P C
O E N F E X F R F L A V O R O F L O V E
M U S T R E A S U R E H U N T E R S R S

AMAZING RACE
AMERICAN CHOPPER
AMERICAN INVENTOR
ARE YOU HOT
AVERAGE JOE
BIG BROTHER
BOOT CAMP
BULLRUN
CANDID CAMERA
CELEBRITY MOLE
CODE ROOM
COMBAT MISSIONS
COPS
EXTREME MAKEOVER
FLAVOR OF LOVE
FOREVER EDEN
FRATERNITY LIFE
FRONTIER HOUSE
JOE MILLIONAIRE
PIMP MY RIDE
PROJECT RUNWAY
SCARE TACTICS
SORORITY LIFE
TEMPTATION ISLAND
THE APPRENTICE
THE BENEFACTOR
THE CONTENDER
THE GIRLS NEXT DOOR
THE HILLS
THE MOLE
THE RESTAURANT
TRADING SPACES
TREASURE HUNTERS
UNDER ONE ROOF

Solution on page 167

Extreme Makeover

J O F N T D T Q F U C O S M E T I C U K
Z C A K H E T S V O L U N T E E R C F C
J F S I I P E N N I N G T O N M E Y A U
A Z H D F G E T F B D N O M R U H T M T
U K I U A A E I H O Q S T N A L P M I Y
S R O D W S T L O W Z A R L J V V D L M
Z E N G T N O W C O H M I B G F W I I M
O A Y A E L Y L P E S I C R E X E G E U
B C N S G L E D E R M A T O L O G I S T
D T S S L N Z G B M A E T E M E R T X E
F I G O N O I T A M R O F S N A R T S J
N O H L T Z P S R M L E M O T I O N A L
U N Y T U A E B S V I C O M M U N I T Y
H S E H T O L C W E N I M H P C A G Z R
W R D G N I B O R D R A W L H S C Q D E
T O A I E B F R I E N D S X Z J S F E V
W T X E I T K N O I T I R T U N X X N O
H C M W N O I T C U S O P I L H U R T C
X O T O B T T M Z E C N A R A E P P A E
A D Z A G M O B O K S E G N A H C Z L R

APPEARANCE
BANDAGES
BEAUTY
BOTOX
CHANGES
COMMUNITY
CONTESTANT
COSMETIC
DENTAL
DERMATOLOGIST
DIET
DOCTORS
EMOTIONAL
EXERCISE
EXTREME TEAM
FAMILIES
FASHION
FITNESS
FRIENDS
HAIRDRESSING
HOLLYWOOD
IMAGE
IMPLANTS
LIPOSUCTION
NEW CLOTHES
NUTRITION
PENNINGTON
REACTIONS
RECOVERY
TEETH WHITENING
THURMOND
TRANSFORMATION
TUMMY TUCK
VOLUNTEER
WARDROBING
WEIGHT LOSS

Solution on page 167

Survivor

C O K S Q K H Z T W A N T F G R Z C K E
F V I L L B K J K F I R E G T L I E X Q
U E O I Y N H P V E Z E B U D A I B W M
U L T T S P F M R K W T P H L Z B I U R
A C I J I F J A C O G A I S M U S R Z E
A I Q N X N X C W O P W U I F J E T T M
Q J L J U N G L E A U O I F L B M N E S
A L A A A G J Z M C C N S N M E A R N C
A M A C R H J S D O N N C A N H G B T P
M L A Y I T D H T E B A Z I L E K Z S S
A R L N A R S K R N D Q R R L A R M O U
Z X O I A R F U H E P N E U D T A A H T
O A C W A P T A A M X T A Z D E Y N P J
N S E A R N K E K I L F Q R T N G I I U
R R A J E X C G B E R T O O T O E H H I
E E N V U D A E H S I U R O J S T C P U
A Y D T N A B S S W O C V D D U A E A G
S A P S I V T V T J H V M T X E R J P Y
A L H S O D U U D E E R G U B J T Y Z Q
B P A I N W O T S P Y E N O M G S Y N K

ADVENTURE
AFRICA
ALLIANCES
AMAZON
AMBER
ASIA
AUSTRALIA
BEACH
BETRAYAL
BUFFS
CAMP
CHINA
COUNCIL
ELIZABETH
ENDURANCE
ENEMIES
FIJI
FIRE
FOOD
GAMES
GREED
HEAT
HOST
JUNGLE
JURY
MERGE
MONEY
OCEAN
OUTBACK
OUTDOOR
OUTWIT
PANAMA
PLAYERS
PROPOSAL
REUNION
REWARDS
SHELTER
STRANDED
STRATEGY
TEAMS
TORCHES
TRIBE
VOTING
WATER
WINNER

Solution on page 167

The Apprentice

M D S N O I T S E U Q S G B U R H L J O
B K B U S I N E S S T R A T E G Y E U I
H Z Q M Z P C V O W Y B M J D Z M Q X Q
B U X E M H O I A A C K R O Y W E N U X
M I J G A I O T E A M W O R K T Y O C I
O X Y R N T B U T E L I M I N A T I O N
N P I O A D N C E L E B R I T Y C S P T
E T L E G D C E M A R K E T I N G S P E
Y X A G E O V X M O O R D R A O B U O R
X W K Z M X A E D Y E E S R P I T C R V
Z I N P E M S S R T O L L U P T A S T I
N N A P N A S E E T R L P L I I S I U E
D N V Y T E I T A L I U P O D T K D N W
Y E I O M T S A M B L S M M E E S W I S
T R R A G G T D J O D I I P E P R E T I
E S G I P N A I O S C I N N T M R I Y B
Y C T N H I N D B S O J O G G O P I F A
Y R A L A S T N A T S E T N O C W P Z J
X S W R O O C A M C H A L L E N G E S E
R N K W Y L K C X G B S S E L H T U R G

ADVERTISING
ASSISTANT
BILL RANCIC
BOARDROOM
BOSS
BUSINESS
CANDIDATES
CELEBRITY
CHALLENGES
CHARITY
COMPANY
COMPETITION
CONTESTANTS
DISCUSSION
DREAM JOB
ELIMINATION
EMPLOYMENT
EXECUTIVES
FIRED
GAME
GEORGE
HIRED
INTERVIEWS
IVANKA
LOSING TEAM
MANAGEMENT
MARKETING
MONEY
NEW YORK
OPPORTUNITY
PEOPLE
PRIZE
QUESTIONS
RACE
RUTHLESS
SALARY
SELLING
STRATEGY
SUITS
TASKS
TEAMWORK
TRUMP TOWER
WINNERS

Solution on page 167

American Idol

A C A P P E L L A U D I E N C E S M U S
U X I C A F C A M E R A V G O C S P N N
E K K Y U L F Q P N T A T N N E E G K Q
S J N K L S S D U P I H N I C V C S S Y
N P E O A R E N N N L A R G E T C N T N
I D K O A E T U R S U A U N R C U V A M
J K I C B F O O Q D R M U I T K S D R D
T P A D D W F R I I Q E V S G H T O U G
W B Y I U I L T C D T R W W E O G R G A
O M A V L F I X B O B I C E P S F I B R
J O L A C O I E G T T C R T I T V G S T
U X C D N Y G N N M F A E C J V C I A I
D F N S W J I X A E G N M O T O W N F S
G J T C K T Z R A L U P O P P F P A E T
E N G A H U N P I I I Q Q V J Y N L J S
S C N G L R R S V N B S J B O T E K R E
O W I N N E R S G D L J T T A C I S U M
N L T V S O N A Y A J N A S T N A J O E
G R O X D G U T D W V D I E F C D L T H
S T V S E A R C H Y A A D O E O X S E T

A CAPPELLA
ADVICE
AMERICAN
APPLAUSE
ARTISTS
AUDIENCES
AUDITIONS
BAND
BO BICE
CALIFORNIA
CAMERA
CLAY AIKEN
CONCERT
CRITIQUES
DANCE
DAVID COOK
FANTASIA
FINALISTS
HOST
JUDGES
LIGHTING
MELINDA
MOTOWN
MUSIC
NEXT ROUND
ORIGINAL
PAULA ABDUL
POPULAR
SANJAYA
SEARCH
SELECTED
SINGING
SONGS
STAR
SUCCESS
TALENT
THEMES
TOP TEN
TOUR
VIEWERS
VOCAL
VOTING
WINNERS

Solution on page 167

Fear Factor

S G R K Y K K U S C A R Y A W C M R P U
L N E D Y T I L A E R Y E Y V O J V Z Q
E I T H S K C H A L L E N G I N G E M B
Q N A G O R E O J J S I O E R T E Y I G
R N W N G J M S M C N T M E M E S J N S
U I M I D J A T Q P A S C I X S Y I T X
T W W K A E G L S F E R M E N T T A L S
M B Y N N C H E I G H T S A S A R Q L C
X K M I G N I T S U G S I D E N T E J P
S T D R E A C O P B Z N M T V T I E M Q
K O W D R R F U T R I Y I A I S R Q D E
D L D G O U A R D H I S F T R O Q U F G
R Y L I U D T N A N P Z I F L A N P O N
D I R G S N C A I I K Z E L P O E P O F
D K Y M P E W M D M D D J S P W V F D A
C R R I K E U E A H A B Y S G U B E Q N
L O A T P F R N X R G L S K W Y Z A R C
W B A D C S T T I D Z O S E K A N S U S
L Q Q V S T U N T S R O U M P K O O C Q
W C T V C I G O B G W D Y F H K V N J L

AFRAID
ANIMALS
BLOOD
BUGS
CARS
CHALLENGING
COMPETITION
CONTESTANTS
CRAZY
DANGEROUS
DARING
DISGUSTING
DRINKING
EATING
ELIMINATED
ENDURANCE
EXTREME
FEAR
FOOD
FOUR TEAMS
GAME
GROSS
HEIGHTS
HOST
INSECTS
JOE ROGAN
MONEY
PEOPLE
PLAYER
PRIZES
RATS
REALITY
REVOLTING
SCARY
SNAKES
SPIDERS
STUNTS
TOURNAMENT
WATER
WINNING
WORMS

Solution on page 167

Big Brother

Y X B P L A Y E R S T R A N G E R S D K
Z O U K T E N R E T N I G L W D R A M A
W J V E I N O S S E D O S I P E O J B P
K D J L W O M X Y G E T A R T S H Q G H
S U U B O I I D U R S S E N D E M O L O
P J R A X T N N R E T T E L L E N A J T
P M Y T X A A T C S S S T C P W K F S O
L W Q C O N T R O V E R S Y N E G E U S
B I O X C I I E X R U T B E Y A G A R A
R N V S Q M O M P O G N A S L N I E M R
N N B E D I N M Y D E T E M E U S L H E
X E R Z F L S U M V S Q Y L E O R N L M
M R P Z G E H S I O U N L Y L S L O P A
F S T I N X E C H E O A H O T T U B B C
B E W U I A T D S M H R B E D R O O M A
Q Z I Q T I T T E C G K Y T Y Q R D H A
K I S D O A E R Y C A V I R P O N Z D D
C R T N V R E C T E N D U R A N C E H I
D P S X Q C M Z J I S O L A T I O N Z S
M N S T W I M M X O A K Q T H C D S M N

ALLIANCES
BEDROOM
CAMERAS
CEREMONY
CHALLENGES
CONTROVERSY
DIARY ROOM
DRAMA
ELIMINATION
ENDEMOL
ENDURANCE
EPISODES
EVICTIONS
GAME
HOST
HOT TUB
HOUSEGUESTS
HOUSEMATES
INTERNET
ISOLATION
JANELLE
JULIE
JURY
KEYS
LETTER
LIVE FEED
LOSERS
NO PRIVACY
NOMINATIONS
PHOTOS
PLAYERS
PRESENTERS
PRIZES
QUIZZES
RULES
SEQUESTER
SLOP
STRANGERS
STRATEGY
SUMMER
TABLE
TWISTS
VOTING
WINNERS

Solution on page 168

Dancing with the Stars

G P E V A N C E N O F D W T B J G X K Z
I N J U R I E S E T E L H T A N Y H R Q
D J H E S W T D G F E N G X I D W O E M
F Q F U Y S A N W Q O M U R E J U Z A A
D U M I O N I W I I A X O Y V T Z K L K
K I K H C H Q M T R J C H C I T B Y I E
K C T E C C P A I R S O K N J P N M T U
U K R A I K N O I T I T E P M O C J Y P
T S E D S I L H S F O S R Y N Z D O W R
X T L T M O N E K M O C E U F O L H S A
F E E I P P G R B N E R D M M A C N M C
H P L E S D R E W L A C H E Y B T S G T
S E Z Y U A R I E O O M C Y A W A O F I
F V C J T G R B M S B I D L A T I N N C
Z O W N E S R I T E R M O O R L L A B E
W N X R E I E U N Y T P A S O D O B L E
R A O T T I M E R N I I X M E G G J M Y
F N L Y R E D R R V A P M W I N N E R S
S R A T S O E U J F L Z I E C J A E G G
V G Y M Z J T R A I N I N G W E T D L A

ABC
ATHLETES
AUDIENCE
BALLROOM
CELEBRITY
COMPETITION
COSTUMES
DANCERS
DEREK HOUGH
DREW LACHEY
ELIMINATION
FOXTROT
FREESTYLE
HOSTS
INJURIES
JERRY RICE
JIVE
JOEY FATONE
JUDGES
KYM JOHNSON
LATIN
LEN GOODMAN
LISA RINNA
MAKEUP
MAMBO
MARIO LOPEZ
MUSIC
PAIRS
PASO DOBLE
PRACTICE
PRIMETIME
QUICKSTEP
REALITY
ROUTINES
RUMBA
SCORING
STARS
STEPS
TANGO
TEACHING
TOM BERGERON
TRAINING
WALTZ
WINNERS

Solution on page 168

The Real World

I M B X P Y O U C Y D M O M J L M W F K
W S X D Y Y O X A G U R T D O I G Z X L
W P G D X G Z R J L C D A V A X C W Y R
S A G E V S A L H O U S E M A T E S R S
N O I G I L E R C L E R I L A B W P M L
O O A N S E L E G N A S O L L O N D O N
I Z J E R G K S O U E L L A V Y N O Q D
T S C L R D B H R V M L I C D F P J G N
A Q G L P O P H E E R E R E H R Z U B Z
C C E A A O J N U B G E N B G I U A C U
A J A H R W C O M M U N I T Y E C L Z K
V K O C I Y N O B U R T A H S N L A E S
B I I P S L A X N S D U T R T D W L G S
S M N N L L Q Y P F D F N O T U S E O O
E N S E C O S V Y I L U E X H S R C Z C
A U S O W H M Y T D R I N K I N G N A I
T M H J K Y M I N U B I C A M E R A S T
T O V J W C O R Y F I G H T I N G M B Y
L I E S O N B R I A N N A N O T S O B M
E M L K M Y J S K F V W N L E V A R T T

ALCOHOL
ARGUMENTS
AUDITION
BOSTON
BOYFRIEND
BRIANNA
BUNIM
CAMERAS
CHALLENGE
CHICAGO
CITY
COLLEGE
COMMUNITY
CONFLICT
DRAMA
DRINKING
FIGHTING
HOLLYWOOD
HOT TUB
HOUSEMATES
JOBS
LAS VEGAS
LIES
LONDON
LOS ANGELES
LOVE
MIAMI
MICROPHONES
MTV
NEW YORK
PARIS
POOL
PUCK
RELIGION
ROAD RULES
ROMANCE
RUTHIE
SEATTLE
SEVEN
STRANGERS
TRAVEL
VACATION

Solution on page 168

COPS

S T H G I F Y T J S D R U G S C J A J Z
J N T K R O W T E N X O F C U W A J M S
Y R E B B O R X U L E S F M O I I G T M
U U D H T T S E I P E H Y F N C L N H Z
L N G A W C E E V N E V N O I T A T I C
P N I L C H A L G I S D I L B R L I Y T
H I J J S A R K C D L T H S R D E Y N C
Z N P O T S C I F F A R T A I N A H N E
L G B H S E H P P C N B W B S O B B S P
X R Q N E S G M O S I U K U E K N C O S
G R R L R P Y L E L M G U N S N C A F U
D T F A R J N A N O I T C A A Y A M Y S
J Y I N A O C Q I Z R C B V H L U E X V
N B V G V I O L E N C E E D C B G R P K
K E D L H F U T N E R R U C R I H A K N
H W R E I X R S F F U C D N A H T D U I
S U Q Y D O T S U C Z Z I P C R G I Y V
U R S Y T F L U W G N I T O O H S I E E
F V K B O E V Z D D I R H L S I R E N S
H M V K H Z V I C T I M S T E K C I T S

ACTION
ARRESTS
BAD BOYS
BADGES
CAMERA
CAR CHASES
CAUGHT
CITATION
CITIES
COCAINE
COURT
CRIMINALS
CURRENT
CUSTODY
DEPUTY
DRUGS
DUI
FIGHTS
FOOT CHASES
FOX NETWORK
GUILTY
GUNS
HANDCUFFS
JAIL
JOHN LANGLEY
KNIVES
LIVE
ON LOCATION
PATROLS
POLICE CARS
ROBBERY
RUNNING
SEARCH
SHERIFF
SHOOTING
SIRENS
SUSPECT
TELEVISION
TICKETS
TRAFFIC STOP
VICTIMS
VIOLENCE
WARRANTS

Solution on page 168

America's Got Talent

Q J N M U S I C F V F O R L A N D O C D
P X P T E R R Y F A T O R X W B A N C O
J A R Q G E D W O R C N L V E M N A O X
Y S N D N Z S X H C U R A S A V C W F T
S X A E I Z Q L L K M F O T Y T I D U X
I X M M L U Y I E A X N E B S E N L S Y
F P E A G B C G S G S U O E A E G C P R
M H R E G U Y H S O R V W L X T T A K G
Y Z I Z U I Z T A S O H E T T Z I N T Y
L L C I J P C S H R J E R G M B E C O S
Y M A R U O O I I G L O I J A L J V S C
M Y A P P R O V A L U O U G L S P H A O
T P J A A O O U S N O I T I D U A S O M
M O S U U G P I D E S C V T L V H I Z E
Z V U B D D N E G O A H N I E A J T N D
W C N R F G I I R R S C K P L R L I R I
Y J I A I E I E T A F R K E Y I O R K A
W I N N E R S N N O B A Y U O E Q B L N
C N G D V M O S G C V E C O S T U M E S
O Y M Y G C R B H S E S N R A Y E Z Z Y

ACROBATICS
ACTS
AMATEURS
AMERICA
APPROVAL
AUDIENCE
AUDITIONS
BRANDY
BRITISH
BUZZERS
CAS HALEY
CHARLOTTE
COMEDIANS
CONTESTANT
CONTRACT
COSTUMES
CROWD
DANCING
HASSELHOFF
JUDGING
JUGGLING
LAS VEGAS
LIGHTS
LIVE
MAGICIANS
MUSIC
NASHVILLE
NEXT ROUND
OPERA
ORLANDO
PANEL
PRIZE
SEARCH
SINGING
STAGE
TERRY FATOR
TOUR
VARIETY
VOTING
WINNERS

Solution on page 168

CHAPTER 7: Sci-Fi and Paranormal Shows

Supernatural Shows

M K F A R S C A P E E Z B A D J K G W V
P S R P I N S E I S I A D G N I H S U P
O B A J L O S T I N S P A C E L K E U R
C S W R S S L E G N A K R A D X S O O Y
E C K A S T M A X H E A D R O O M R T B
R O E N T E N O Z T H G I L I W T E H T
U O T A I J E A T H E X F I L E S H E C
T F A I M E O P I O H W R O T C O D T C
U U G D I H M W M G C H A R M E D E R H
F T R N L T M D R I E W O S M A J B I B
U C A I R R E D I R T H G I N K E I B I
T E T E E R E K L A T S T H G I N R E O
U J S I T N A L T A M O R F N A M R D N
R O Y R U O S T H E P R I S O N E R X I
A R L E O Y L F E R I F S R E D I L S C
M P A E L M U T N A U Q L A M I N A M W
A I M Y F A V O R I T E M A R T I A N O
D M K E R T R A T S R A M N O E F I L M
B O X N R O S W E L L E G E N D X T Q A
A Z J N G M H I A L I A S U P E R M A N

ALIAS
BIONIC WOMAN
CHARMED
DARK ANGEL
DOCTOR WHO
EERIE INDIANA
FARSCAPE
FIREFLY
FUTURAMA
FUTURE COP
HEROES
I DREAM OF GENIE
KNIGHT RIDER
LAND OF THE GIANTS
LEGEND
LIFE ON MARS
LOST IN SPACE
MAN FROM ATLANTIS
MANIMAL
MAX HEADROOM
MY FAVORITE MARTIAN
NIGHT STALKER
OUTER LIMITS
PROJECT UFO
PUSHING DAISIES
QUANTUM LEAP
ROSWELL
SLIDERS
SO WEIRD
STAR TREK
STARGATE
SUPERMAN
TEKWAR
THE JETSONS
THE PRISONER
THE TRIBE
THE TWILIGHT ZONE
THE X FILES

Solution on page 169

Star Trek

S U I R E B I T G R C C Q G Y X O X D B
N N J E S L L U C Q O F N F A T A D Q K
A R A V N P R O M E N A D E K F T U E C
C E N I N E C A P S P E E D R E A O U O
L K E R S V X S Z C W N B E I R X L C P
U I W D Z S H T H O C G U R K E T I C S
V R A P C Y A E G D H A T A T N B N G X
W M Y R U U K D R E L G S T S G P O R U
T A S A Q O H A R O N E E I E I H A O E
E I A W V N W U G A D E I O M K O T B L
E L O H M R O W R Q C D R N A I T G E R
L L Y E O M A N R A N D E A J I O U H T
F I C F B K D R A C I P F N T Q N I T D
R W N S N O G N I L K Y F U B I T N A F
A E N J A D Z I A D A X E L Z E O A S P
T X C G K F Q F S P V S J U L U R N H K
S J G H O L O D E C K R E S A H P R A C
R E H S U R C Y E L S E W B O N E S Y F
V O Y A G E R I O R T A N N A E D J A I
E N T E R P R I S E S N A L U M O R R D

BONES
CARDASSIANS
CHEKOV
CULT
DATA
DEANNA TROI
DEEP SPACE NINE
ENGAGE
ENTERPRISE
FEDERATION
FERENGI
GEORDI LAFORGE
GUINAN
HOLODECK
JADZIA DAX
JAMES T KIRK
JANEWAY
JEFFERIES TUBE
KLINGONS
NEXT GENERATION
PHASER
PHOTON
TORPEDO
PICARD
PROMENADE
QUARK
RODDENBERRY
ROMULANS
SCOTTY
SPOCK
STARFLEET
SULU
TASHA YAR
TEN FORWARD
THE BORG
TIBERIUS
UHURA
VOYAGER
VULCANS
WARP DRIVE
WESLEY CRUSHER
WILLIAM RIKER
WORMHOLE
YEOMAN RAND

Solution on page 169

Buffy the Vampire Slayer

T Q O H T F E R X Q J Y Q E U N Z Z V S
L H D V U M I A J C L H I G E C V R G E
S J T U B L N L L E W E H M H W S E B C
L S U A E D O L S O F A S K O O B H D G
N N O Y E S D E G E L L O C V L S C T E
S N Z R I D E G S K L L O W G L I T N S
T K F L C C V C L I G I B W G I A A S C
L N E M O W I V A P F S M L E W I W K H
K I E V A G L V Y S L U E D O R L W X S
M K Q D A R K N E S S R E G A N E E T I
W C X M U M A F R I O D G R Y T D W V K
F E O O Y T P T S Y F U B F N G R E P G
L H E K A T S I X T H I L I A N O R J D
G M N Q N C U F R H L S G S E I C I E G
P W S Y A B N A B E O U X H X L T S T H
O A D R Z D E M O N S R C I T L T H I E
Q K Y W H A B I R U P E R T G I L E S C
R U Y Q D C Y L C A C T I O N K N U K Y
X Z P M N U M Y O U N C G Y R Q O G Z O
M N Z D S J E E K R A K Z H L H O T Y J

ACTION
ANYA
BLONDE
BOOKS
COLLEGE
CORDELIA
CROSS
CULT
DARKNESS
DEATH
DEMONS
DESTINY
DRUSILLA
EVIL
FAITH
FAMILY
FIGHTING
GELLAR
GHOSTS
GILES
HORROR
HOUSE
JOYCE
KILLING
LIBRARIAN
MAGIC
MILES
RILEY
RUPERT
SCARY
SLAYERS
SOULS
SPIKE
STAKE
STUDENT
TARA
TEENAGERS
VAMPIRES
WATCHER
WEREWOLF
WILLOW
WOMEN
XANDER

Solution on page 169

The Addams Family

X D B H Q D R A X S U T E Z S J F F M H
J U E C J D N P A B R F Z L O P F E C S
L N L T P T W T C Y J I W X I O E R N A
J I C I N L D W A W P R C P P Z U I C M
Q Q P W Q U H A B M E E Y H T L A E W Y
X F V K B C A I N L N Y E Q K R W R E J
D L J I L I G H T B U L B R T O E N D E
E U H D W F C U E C I P A N C H O M I G
B F Z S A E B H F A S W K R C M F K O A
P N F Z R R P A I E Y E L S G U P T Y H
K M D S D E K U G L G S L L O D H V K Z
M A I N W E D N E S D A Y D G B U O Q S
A N S X A Q I I G J A R I F N U Y R F R
P S R D M H E L P R U Y E R A A O M A B
A I C I T R O M O S G G K N R M C G P L
B O K O B O X E T I H R F O U A I B I G
T N L A M S S N O I T O P H O C M L T I
A C C Y F U A J Y D E M O C Y P Y Y Y F
X A L R A L V F H F R E N C H Q S E V O
M Z K X P K B P O S C D V R O T F V C H

BUTLER
CANDLES
CHILDREN
CIGAR
CLOTHING
COMEDY
CREEPY
DARK
DAUGHTER
DOLLS
FAMILY
FRENCH
GLOOMY
GOTH
HAND
HAUNTED
HOMER
HUMOR
KIDS
KOOKY
LIGHTBULB
LILY
LIZARD
LUCIFER
LURCH
MACABRE
MANSION
MARRIAGE
MONEY
MORTICIA
OPHELIA
PANCHO
PLANTS
POTIONS
PUGSLEY
RICH
SPIDER
SPOOKY
TRAINS
WEALTHY
WEDNESDAY
WITCH
YOU RANG

Solution on page 169

Third Rock from the Sun

F X H V K E Z N L Y Y T L L E A D E R W
A D A U I S F O D D B A L L H S S U U J
M T O M M Y O I H O W Y R U O N T H A S
I M T T X A W S L S E I M C G H R N P T
L N E B W R N S N D E A I O E L E H A N
Y T I S R E V I N U N E R R O C P V R E
Y H F U N Y Y M T F T D F T U H X A T D
B G J N G Y D A O Y O O N R H U E H M U
K I O W O U E R E N R U T Y R R E T E T
P N H L H M M Y W D S I X S E A S O N S
I K N J O I O A R J N N U S N T O O T R
O E L F M P C L Y R Y I I I U E I I E E
T N I F E H O B O L A M N O M T I G R R
Y Y T U P Y K R L S B H C A I G A L R O
G A H M L S S I H I K S N D J N J D A L
H W G E A I S G K T Y C E I E V O N Z P
W M O K N C W H R O N P I E Z E S G I X
D Q W G E S A T B W X A T D C T E W B E
V I Y V T L B N K E C B U D W V P F K C
P S T S I T N E I C S A L L Y K H Z W K

ALIENS
ANTHROPOLOGY
APARTMENT
BIZARRE
BOY SCOUTS
COMEDY
DICK SOLOMON
DUBCEK
EARTH
EXPEDITION
EXPERTS
EXPLORERS
FAMILY
GORDON
HARRY
HOME PLANET
HUMAN FORM
HUMANITY
JANE CURTIN
JOHN LITHGOW
JOSEPH
LEADER
LIFE
MARY ALBRIGHT
MISSION
NAME
NINA
ODDBALL
OHIO
PHYSICS
RUTHERFORD
SALLY
SCIENTISTS
SILLY
SIMBI KHALI
SIX SEASONS
SOCIETY
STUDENTS
TEENAGER
TERRY TURNER
TOMMY
UNIVERSITY
WAYNE KNIGHT

Solution on page 169

Stargate

H E P O S P R E T W V F N T U D E S G J
S G C F E E W O R L D S P E C I E S J I
J A F F A M S A M I E N E M Y R R N T X
K H M Z R L I R A W K V I P O A U O A K
Z X I Z T T G T S L E N O L O C T I O G
Y G S V H O M E F I F E P E A S U T W P
X E W D Q F G Y B I T X B T E T F C L R
S J L J C O C T N D E N E G O O R A B T
B M S D D E C I V E D R A N F I N O E W
L M O S O D T C X F C U G L Y E H Y P A
M M J N N Y J T E E G M Y G T F L Z A X
F H I E O E T S S N H I O S L A V E S G
O Y I W N R I O A D L L E H C T I M G A
T Y E S T N V L S I O I Q S A N C O A O
W S B X T X I E A N C T R X Y M I Z R Z
Y P D F I O L F H G X A P Y R A M I D M
E A I R F O R C E C X R N P V A S O G J
G C P L I V E Y S R Q Y T O E L O L N D
L E V A R T L U Z Y X C X T N A C D I D
G T B P X O W J B L A M D K T V B V R H

ACTION
AIR FORCE
ALIENS
ASGARD
ATLANTIS
CANON
CHEVRON
COLONEL
COSMIC
DEFENDING
DEVICE
EARTH
ENEMY
EVIL
EXPLORE
FUTURE
GIZA
GODS
HAMMOND
HISTORY
INFINITY
JAFFA
JENNIFER
LANGUAGES
LOST CITY
MILITARY
MITCHELL
ORI
PLANETS
PORTAL
PYRAMID
RING
SECRET
SLAVES
SPACE
SPECIES
TEAM
TECHNOLOGY
TEMPLE
TEYLA
TIME
TRAVEL
VALA
WORLDS
WRAITH

Solution on page 169

Mork & Mindy

F S E I M L U T V S H S N A K R O W U A
C R X S D G X L N R V X M S K S G V B Q
O A I F R E D E Z E W C U A M K V U S T
X L D E Q U P B H Y M A R R I A G E L O
T P O C N T C I O M K T B O U L D E R O
U H R J U D C K C O L O R A D O L S I K
S J C N H L S P A C E C R A F T O I B X
H A E E E T D H C N A P R J P N N Z W Z
B M M F H M R B I C K L E Y I A X M T O
O E G O I A U A J P K A B T O B Z A H S
Q S H G H D N E E R A N W H A C W Q G S
G V R A G T E I V M D E A U B M W X L D
Z X G E V P Y N G L J T D M M A M A A O
V D J N D I C A T N U O M A R A P O C Y
A G G E I N O S J I S R A N C S K R O M
L G T G O Y E R O M T K P N T I M A R R
P N U U D C L P J B G Y K I N W T B A M
U U H E R R D F S S P A C E S U I T N V
T I L E D S R B Y U K K A L I K O U A A
X N T L T D B R R Q S N E I L A E C D R

ADJUST
ALIENS
APARTMENT
ATTIC
BEHAVIOR
BOULDER
COLORADO
CORA
CURSE
DELI
EGG
EUGENE
EXIDOR
FLYING
FRED
FRIENDSHIP
GINA HECHT
HUMAN
IDENTITY
JAY THOMAS
JEEP
KALIK
MARRIAGE
MEARTH
MORK
MR BICKLEY
NEPTUNE
ORKANS
ORSON
PAM DAWBER
PARAMOUNT
PLANET ORK
RALPH JAMES
ROOMMATE
SECRET
SHAZBOT
SLAPSTICK
SPACECRAFT
SPACESUIT
SUSPENDERS
VEHICLE
WILLIAMS

Solution on page 170

The Six Million Dollar Man

G O T K M F O T U A N O R T S A Q W V R
M N O I S I V K I R J L S T S S P E E D
B A L I N J U R E D U L E L H S J B S O
F L I G H T F Q R X L N O S O C U H D Z
N L P V F O N O J E N W F R J I H J N K
P A T R R P M D W I M V Z A L E R O Y L
X R S C E A N Y S O C S L T S N I R R S
G H E A N G D S T E V E A U S T I N A G
U L T C U U N I B Q X R T L C I E T T Y
O P E W R I O O S I H U N A O F Y R I M
M U C E R N F M R U O T E B L I E E L S
G C H L M E K R M T P N M V O C I A I D
Z R N T W A T A H M S E I L N G K D M T
B A O O O P J T C L Y V R C E L X M P G
P S L B S I X O E C U D E H L G W I L Z
B H O O Y G O H R B I A P R U I S L A H
E B G R U C L H H S F D X M U M M L N I
H J Y E G G O V E R N M E N T T A B T U
Y K P H T E E U G I N Z P N I C U N S X
N J Y E A H U A I R C R A F T C W F Z H

ACCIDENT
ACTION
ADVENTURES
AIR FORCE
AIRCRAFT
ARM
ASTRONAUT
BETTER
BIONIC LIMBS
COLONEL
CRASH
CYBORG
EXPERIMENTAL
EYE
FLIGHT
FUTURE
GOVERNMENT
GUINEA PIG
HERO
IMPLANTS
INJURED
LAB
LEE MAJORS
LEGS
MILITARY
NASA
REBUILT
ROBOT
ROMANCE
RUDY WELLS
RUN FASTER
SCIENTIFIC
SLOW MOTION
SPEED
STEVE AUSTIN
STRONGER
SUPERHUMAN
TECHNOLOGY
TENNIS
TEST PILOT
TREADMILL
VISION

Solution on page 170

The Twilight Zone

M Z J S E R I O U S B R S K S A M D I D
H J V C N G S G R I F S E N C Y M M W L
E G V I X O E L Z E E A O L S T O U S N
H Y S T E R I A H V Y O N T L N M C M F
V A C I M I R T E O C R E T S I A K D U
J N R L X R O N A O S R O T A R R A N Y
R T I O E J T C A C Y Y E R Y S S H B U
B H P P A S S B R F I R R E R V Y L T T
V O T T G N I L R E S D O R P O K G I I
Y L S W S N E I L A A O N Y E Y H S M L
N O I T A N I G A M I T C Y L J E M E D
Q G E X N Q B N R A Q I I E S N C A L K
R Y D M M S P T N J S E V V A K N C E D
F R A W R A E L C U N A C L E F E A S W
U S Q D R L A D M D R T P U U I I B S B
T O M A E R D E O T J G F U L C C R W U
U O B P O A M B E S T S N O I T S E U Q
R L L M E E T M D R I E W O S I H B X P
E A S B H V I H P E O P L E L O Y I F Q
Y I N T R T S U E C V U E E Y N H R T L

ALIENS
ANTHOLOGY
BIZARRE
CREATIVE
CREEPY
CULT HIT
DEATH
DREAM
EPISODES
EVENTS
FANTASY
FICTION
FUTURE
HORROR
HYSTERIA
IMAGINATION
JERRY SOHL
LONG RUNNING
MACABRE
MASKS
MONSTERS
MORAL
MYSTERY
NARRATOR
NUCLEAR WAR
PARABLE
PEOPLE
PLANES
POLITICS
QUESTIONS
ROD SERLING
SCARY
SCIENCE
SCRIPTS
SERIOUS
STORIES
SYNDICATION
TELEPLAY
THEME MUSIC
THRILLER
TIME TRAVEL
TIMELESS
WEIRD

Solution on page 170

Doctor Who

I J L S W K J W M M H C T Z L L Q R R K
G D K T I Q O Y E R F I L L A G G S P B
U P Q Z Y X N J U N O H O R B M T K K S
W A M Y S T E R I O U S E D O N N A H C
B C U G A O A M O N S T E R S O Q R F I
X Q W O T R J A U C S P B T S L Y O F E
V N Z N N C G U T A I I A I Y G H K I N
C V U S A H S T M I U N O C R L G H D T
B V K H F W U O X S M P U F E D E I R I
B X N S W O E N U S L E N A J H A R A S
C F I A I O Z S R A B I L P S N H E C T
R Y L P R D N X N A Q H O O O F L I E Z
Q E B T T E R E N G L A N D R L Q D L Y
S B T E I O T A E R U T N E V D A A D J
N T R L R S M D T J A O I S U G S G L H
U H A I S M A B U R L P W M E V R I T F
A F V O T V E D A L E K S N E D G R I K
X D E M R I O N E K M E E A M W A B Y T
H U L O W O S M B C E R R V E E A E J I
C X S Y N H U H H V C R K F U T U R E A

ADVENTURE
ALIENS
AUTONS
BBC
BLINK
BRIGADIER
BRITISH
CARDIFF
CYBERMEN
DALEKS
DAVROS
DONNA
EARTH
ENGLAND
FANTASY
FUTURE
GALLIFREY
JUDOON
LONDON
MASTER
MONSTERS
MORBIUS
MYSTERIOUS
PLANETS
POISON
RENEGADE
ROSE TYLER
SARAH JANE
SCIENTIST
SKARO
SONTARANS
SPACE
TARDIS
TIME LORDS
TIME WAR
TOM BAKER
TORCHWOOD
TRAVELS
UNICORN
WALES
ZYGONS

Solution on page 170

Sci-Fi Themes

L D A M O I M Z B O X X P B H R S T S I
S S N Y B F Y Z O R S Z C L O N E V C T
A R E T I P U J X Y S G R B A M E X I T
T E K C O R U H A C K E R W R N D R N I
U J E X P L O R E R S Z R O U R E E O C
R S E P U A E R R G X S F S B W E T Y N
N U S C N Z U V C A P A D O I Y N S R Y
W C I S K T S R A M R A L I T O C N C C
L U D S A C Y B E R P U N K O U X O O O
R G A E R U E T E R T Y P M L R L M C R
U M R Y V E I T D C T E R T M O E P C A
Y C A U A L I E L C Q E M U N T F T O D
H S P H L W V Y L R E P L I C A N T S I
G T E E U O Y E S C A F Z E T R R D M A
L N T A L R U K O A U A S Y P K E D O T
A A W V R R O L L T T E N O X A W M L I
S T E E A T O B U I S N E I L A T G O O
E U B N K G H R O I M I A M T A L H G N
R M U S Y Z E N U T P E N F V U R A Y X
Q S B G H L E F B D S E L N B W G V G Q

ALIENS
ASTEROIDS
BIOPUNK
CLONE
COLONIZATION
COMET
COSMOLOGY
CREATURE
CRYONICS
CYBERPUNK
CYBORGS
EARTH
ECOLOGY
EVOLVE
EXPLORERS
FANTASY
FUTURE
GALAXY
HACKER
HEAVENS
JUPITER
LASER
MARS
MERCURY
MILKY WAY
MONSTER
MOON
MUTANTS
NEPTUNE
PARADISE
PLANET
PLUTO
RADIATION
REPLICANTS
ROBOTS
ROCKET
SATELLITE
SATURN
SOLAR
TELEPATHY
TERRAFORM
TIME TRAVEL
UFO
URANUS
VENUS

Solution on page 170

The X-Files

D O I X F F Y E K O E H N D N C T H I F
X S R E T S N O M X F T M S R J Z R F P
V C S N E I L A Q C I M J R O R R O H M
A Q W R Y G T F O X M U L D E R F E F A
M Y E H R H L A M R O N A R A P N J B P
P R I D E T E C T I V E O N O O C D I C
I H R B T I L U W Q E X O E M W U O S R
R H D L S N N O B I R P S E K C L Z E I
E K E J Y G Z B Q S R L N C T W T N C M
G T A G M S E P E K A A F I A P T G R E
I F T D H L C I G X Z I O D A R K O E Q
R L H E I O S M O K I N G M A N Y V T S
S U O E R P S Z F N B E A P A G E E S E
R K V J O A E T U P U D E M O N S R D R
S E N T M A G G S E W L E Y R A C N P U
P M U X A H O I N W O N K N U E X M U T
O A Y Y N F Z Y C A R I P S N O C E H A
O N S G C M U R D E R W E V I D E N C E
K N U B E D A A C R S T N E G A Y T A R
Y R O E H T E C V S S J S S K E P T I C

ABDUCTION
AGENTS
ALIENS
AUTOPSIES
BELIEVE
BIZARRE
CANCER MAN
CARY ELWES
CIGARETTE
CONSPIRACY
CREATURES
CRIME
CULT
DARK
DEATH
DEBUNK
DEMONS
DETECTIVE
EVIDENCE
FBI
FLUKEMAN
FOX MULDER
GHOSTS
GOVERNMENT
HORROR
MONSTERS
MURDER
MYSTERY
PARANORMAL
PARTNER
PHENOMENA
ROMANCE
SCARY
SECRETS
SIGHTINGS
SKEPTIC
SMOKING MAN
SPOOKY
STRANGE
THEORY
UFO
UNEXPLAINED
UNKNOWN
VAMPIRE
WEIRD

Solution on page 170

CHAPTER 8: Animated TV

Animated Shows

Y O G I B E A R D A N G E R M O U S E A
O K O Y L E D O C I T I R C E H T R B J
Z C S J R J U S T I C E L E A G U E R E
S A E O N F L U X Y R R E J D N A M O T
N J N O O M R O L I A S R U W V S R C S
A I O L L I H E H T F O G N I K N O K O
T A T J N S P A C E G H O S T S I F E N
I R S N J O H N N Y B R A V O T E S T S
T U T I T S E U Q Y N N H O J A T N P L
N M N T H E B O O N D O C K S R S A O O
E A I A T O M I C B E T T Y H G N R W O
E S L R I G F F U P R E W O P U I T E N
T U F D O R A T H E E X P L O R E R R E
C G Y P M I T S D N A N E R M G E H H Y
X X A M E H T D R A G O N B A L L Z K T
K C O R E S U O H L O O H C S C T Z G U
M E G A S X L R J I M M Y N E U T R O N
R L D L O M W J O G N I D Y K S I R F E
B I L I N V A D E R Z I M B O P L E V S
S U P E R M A N I M A N I A C S B C D P

AEON FLUX
ANIMANIACS
ATOMIC BETTY
BEAVIS AND BUTTHEAD
CODE LYOKO
DANGERMOUSE
DORA THE EXPLORER
DRAGON BALL
FLINTSTONES
FRISKY DINGO
INVADER ZIM
JETSONS
JIMMY NEUTRON
JOHNNY BRAVO
JOHNNY QUEST
JUSTICE LEAGUE
KING OF THE HILL
LITTLE EINSTEINS
LOONEY TUNES
MEGAS XLR
POWERPUFF GIRLS
REN AND STIMPY
ROCKET POWER
RUGRATS
SAILOR MOON
SAMURAI JACK
SCHOOLHOUSE ROCK
SPACE GHOST
SUPERMAN
TEEN TITANS
THE BOONDOCKS
THE CRITIC
THE MAXX
TOM AND JERRY
TRANSFORMERS
YOGI BEAR

Solution on page 171

King of the Hill

Y B E T K F Y W K I W H M D J L Y G I E
T P H Y H W T U Y K Q Z U K A Y H M E Y
C H A W B X T L B A D N D M E Y B G D Y
F Y Y L Q B I P C R N B X J O L R H G U
H W N H L M O O I M P N A C I R E M A C
R S O R A E U B B R E U A H M O O B Z Y
E S F F E N Y Q G I G B A F L J W L R V
H U R X T D K S G G G Q I U R E T H R A
C B G R A N A H A W Y T S I D O H T E M
A U Y L I T B R I K H S X S A X E T D O
E R L G W O Y E U L I I L M D S N C N Z
T B U T R B W G V A L N I L N N R F E C
F B F S U C I D M S L M E I A Y E Q C Y
N J B S O R F U R Q A U L M F B H I K S
R N E M T Q E J D N A L K C I R T S R Y
C Y E R A C W E R D O O E L P G U O K F
B D R L H Q C K N C N C I S Y V O Q O B
Y I A I R O U I O P I R Y O M I S D Y F
P W L R X A X M L O O H C S P A N I S H
N D I L T T E N R A L L I W V J N C C P

ALLEY
AMERICAN
ARLEN
BEER
BILL
BOBBY
BOOMHAUER
CHILD
COLUMNIST
COMEDY
COUNTRY
CULTURE
DOG
DREW CAREY
DUNN
FAMILY
FOOTBALL
FRIENDS
GARY BUSEY
HANK HILL
HUMOR
LADYBIRD
LAURA DERN
LAWN
METHODIST
MIKE JUDGE
MO COLLINS
NEIGHBORS
PEGGY HILL
REDNECK
SALESMAN
SCHOOL
SOUTHERN
SPANISH
STRICKLAND
SUBURB
TEACHER
TEXAS
URETHRA
WIFE
WILL ARNETT

Solution on page 171

The Jetsons

S P R O C K E T S K Y F L Q B D S Z X L
J M F J A N E J E T S O N Y E D W H N T
L K A V B C F U T U R I S T I C R O F A
C N M R W G I P Y U A O X G E N H M D L
G C P A G V L K D R C L B F N O O S L K
L C O I C O Y I D O G S I O M I D S R H
O X T S T H L V U R N W W E T N L O O N
O T T H T O I O X W I X F N N M W B Q D
H R J E E P A N H L Y G O R T S A P I G
C S B A C F D G E Y L B H W I A K I H S
S M V I I H U Y K S F V P T E Q J U D Y
F O O H T T N T T I B R O Y R N E H R X
N D P V A Y N O U M R S P A C E L Y E Y
F E T F M C E E L R O Y J E T S O N T F
A R A C O R E A M O E S Y Z T E Z R H W
M N D M T O X M N T G K S P A C E A G E
I K E S U S R A T S R Y B A L B I N U E
L D M M A I L L I M D A E R T W R I A Q
Y N N U F E Q G H C O M P U T E R S D A
X O S J J F D H S T E G D A G F U C J U

AEROCAR
ALIENS
APARTMENT
ASTRO
AUTOMATIC
BOSS
COMEDY
COMPUTERS
DAILY LIFE
DAUGHTER
DOGS
ELROY JETSON
FAMILY
FLYING CARS
FUNNY
FUTURISTIC
GADGETS
HENRY ORBIT
HOLOGRAMS
HOME
JANE JETSON
JUDY
MACHINES
MODERN
MR SPACELY
ORBITY
RIGHT REORGE
ROBOT MAID
ROSIE
RUDI
SCHOOL
SIBLINGS
SKY
SPACE AGE
SPROCKETS
STARS
TECHNOLOGY
TEEN
THE FUTURE
TREADMILL
UNIBLAB
WIFE
WORK

Solution on page 171

Scooby-Doo

C A E U K E T K M Z S M R O Z D H R E J
E T X K Y H I S T I O U M Z J R R D B B
G U G U S T L A C H N O S D N E I R F A
R S V F M A L L C N N J O P G H V B V T
X G C Q F E M D I S J O R N E Z L I V E
R Y A O S Q W N T P F A A P H C L J G E
W S T S O H G E U O T D N D J L T I K N
V P R V L B R Q O O D Y P P A R C S W A
G K F X V S Y K S K Z R A I G N A G D G
Q C Y H E H E R S Y O R N V X M S V S E
Q T Q C A D V L A E A S T C L U E S E R
Y D E T N U A H Y N S G D E J N Y X E S
D U X A C N N R O T K I V I T U K N L N
W B L B I E L R V H S Y M U K F A M N A
K S S M M U M M Y G A R R N C D S O W C
I D I A V A L M U G M E I A T O E V O K
Z R Q S L R E I T O S D I A C T M I J S
C Y G G A H S H E O U E E I H S E E V K
N O W E R E W O L F G R Y E N H P A D S
D E Y R Y Z P G T Y G F O Y M N F V M Y

ADVENTURES
CASEY KASEM
CLUES
COMEDY
CRIMINALS
DANGER
DAPHNE
DISGUISE
DOGS
EVIL
FOOD
FRED
FRIENDS
FUN
GANG
GHOSTS
GOOFY
GREAT DANE
HAIRSTYLES
HAUNTED
HIDE
ISLAND
KIDS
MASKS
MONSTERS
MOVIE
MUMMY
PARANORMAL
RUNNING
SCARY
SCOOBY
SCRAPPY DOO
SHAGGY
SNACKS
SOLVE
SPOOKY
SUSPECTS
TALES
TEAM
TEENAGERS
UNMASK
VAN
VELMA
VILLAINS
WEREWOLF

Solution on page 171

South Park

K C H F X Y U S U P C Y Y L I M A F D Q
X N E G R M A T T S T O N E I L E W O T
R O M U H O K U F E T R L N K Q L G S R
R H G R X J S O I Y M A S O E N V N E D
L F O W G A U T I A Y O N R R K A F D X
V A T F T A M U Y H N N V M Z A D H U O
U A I I J F R C R C L M L I A I D S R G
L D R S X E U R J A R S M Q E R B O C M
R E N D R S T G I A G A D S V U S D I K
C E P A C E T W V S G L L N T Z G H S L
A Q L H M I V F E I O M U T E P P U P M
Y B O Y S T U O N E M N E V M I S D A C
V O B G K I R A R E K R A P Y E R T E H
L B V N S L T A R T S I S Q J Y T F U I
Y Y P I N I G Y C H N E K O T B N Z B L
K M T G O B O J Q C C O M M U N I T Y D
D G M N W A T B H I I L C S M Y V W S R
A K M I D S F E O H Y R A T N E M E L E
Z M I S T I F V C M T R E L I G I O N N
I E F Z Y D O R A P B U S Y F N A O K A

BOYS
BUTTERS
CHEF
CHILDREN
COLORADO
COMMUNITY
CONTROVERSIAL
CRUDE
CUTOUTS
DIES
DISABILITIES
ELEMENTARY
ERIC CARTMAN
FAMILY
FRIENDS
FROSTY
HUMOR
IMAGINATION
ISAAC HAYES
JESUS
KENNY
KIDS
KYLE
MATT STONE
MOVIE
MR GARRISON
MR HANKEY
PARODY
PUPPET
RELIGION
SATIRE
SCHOOL
SINGING
SNOW
STAN MARSH
TIMMY
TOKEN
TOWELIE
TREY PARKER
TWEEK
VOICES
VULGAR

Solution on page 171

Family Guy

W Q S O V S H T S O B R D R Y E I P A E
F G Y C R P H S I R I G Y L I M A F N J
Y G R S O X T E Z O E C B N Q C W A J O
E P N W V R S W A N S O N B Y W I M J K
P N E Q E U M M K E R O M U H D B E L E
E E H Q R X G A Q B B O V N L O O H C S
T R E N W D R D N A L S I E D O H R N F
E D K V E A I A N I F F I R G G E M A Z
R L I L I U F N N I F I L F U E E P H P
G I M M G Q F S E I H I Z I B I O Q S V
R H V O H C I O R I E R E P O R T E R N
I C P R T C N G X Y G T Y D E M O C O F
F Q D T Y T S K C A B H S A L F M Y N T
F G V G G I B R I A N A B R Y P T V A T
I O Y O O C U K E G T C B O O W U O I M
N H H L A U G H W T I T P G R B C I P U
W A Z D A D U L T S W I M B R S K C S S
O U D M S A M D L K S E T H G R E E N I
T Q U A G M I R E R H T P L U R R S S C
M I Y N N U F H B T M O F S P R F Y T X

ADAM WEST
ADULT SWIM
BABY
BEER
BONNIE
BORSTEIN
BRIAN
CHILDREN
COMEDY
DIANE
FAMILY
FLASHBACKS
FOX
FUNNY
GRIFFINS
HUMOR
IRISH
JOKES
LAUGH
LOIS GRIFFIN
MAYOR
MEG GRIFFIN
MIKE HENRY
MORT GOLDMAN
MUSIC
NEIGHBORS
OVERWEIGHT
PARODY
PETER GRIFFIN
PEWTERSCHMIDT
PIANO
PTV
QUAGMIRE
QUAHOG
REPORTER
RHODE ISLAND
SCHOOL
SETH GREEN
SWANSON
TOM TUCKER
TOWN
VOICES

Solution on page 171

Futurama

V Z T E S E N E I L A T T A C K F N A P
B D M S X E A E R E T T A M K R A D D L
G T I M E T R A V E L V R R F G M N V C
N E W X E W R O M U H U E U I G I A E R
E C S X N B Y A L C L K T N S N L V N D
I H T B J E T L T S L U N N S E Y C T U
J N L F N N R V L E R A P E E E O V U Y
N O U U E D N D W I R S S L R M S S R V
W L D N W E P K S B B R A H P A C P E U
Q O A N W R N T P R E G E U X T I I S G
Y G R Y O A I P R V N R T S E T E H N R
M Y O R R C A A I A M E O T T G N S A O
Y R B F L Z M N R E R L G N E R T E I Z
K D O I D A U U S R A J R A N O I C N R
Z F T K L S T C P I Z Z A T A E S A O R
Y H S L P N O L U C L A C U L N T P L Q
M U I R A N A H P R O K R M P I Z S B A
A H O T R E B O R M F R O Z E N X F B D
P S D A E H D D Z O I D B E R G B B I U
S E D D E G J I G G O I E F O W L A N X

ADULT SWIM
ADVENTURES
ALIENESE
AMY
ATTACK
BENDER
BILLY WEST
CALCULON
CARGO
COMPUTER
DARK MATTER
EXTRATER-
RESTRIAL
FAMILY
FRANK WELKER
FROZEN
FUNNY
FUTURISTIC
GEDDES
HEADS
HERMES CONRAD
HUMOR
JARS
KIF
MATT GROENING
MUTANTS
NERDS
NEW WORLD
NEW YORK
NIBBLONIANS
ORPHANARIUM
PHIL LAMARR
PIZZA
PLANET EXPRESS
ROBERTO
ROBOTS
SCIENTIST
SLURM
SPACESHIP
TECHNOLOGY
TIME TRAVEL
TURANGA LEELA
UNIVERSE
ZAPP BRANNIGAN
ZOIDBERG

Solution on page 172

The Flintstones

P E B B L E S D N H N P N T T B I N L E
V Y S A I M S I K X Y K B O J S T B J W
U B L A B D U W H N I P W I V E S C S K
M R A H N Y M E I D K N P D O E E R H M
L A M E M R P M S L E K C O R Y L L O H
E F I M S F G U F Q M E Z E H T B S U X
G R N L A A H P S Y U A R N V T B T S S
F H A K T P E P S S G A I N E E U O E P
N T O V H N P A C T R E R X A B R N W V
E B F F E E T R A D V W H R T L T Y I T
I M S R S N E E T I N A R G Y R A C F V
G M K S A E R C R S R O C K S X R U E X
H A O F N G O D R D M A L L E G O R Y C
B B L G S M D U R L O C K E D O U T K T
O M E V E S A O P R E H I S T O R I C J
R M W D R S C R R Z E G A E N O T S O H
S A Y D O K T O O F E R A B U G D E R F
K B V N F E Y T E I C O S D R I B O D U
Y L I M A F L O D G E T S C A V E M E N
Y D N O U X B L J A I L G N I L W O B T

ALAN REED
ALLEGORY
ANIMALS
BABY PUSS
BAMM BAMM
BAREFOOT
BEDROCK
BETTY
BIRDS
BOSS
BOWLING
CARY GRANITE
CAVEMEN
COMEDY
DINOSAURS
DRIVE IN
FAMILY
FANTASY
FEET
FRED
FRIENDS
GREAT GAZOO
HOLLYROCK
HOPPY
HOUSEWIFE
JOB
KIDS
LOCKED OUT
LODGE
MR SLATE
NEIGHBORS
PEBBLES
PREHISTORIC
PTERODACTYL
QUARRY
ROCKS
RUBBLES
SCREEN GEMS
SOCIETY
STONE AGE
STONY CURTIS
TEX HARDROCK
TOWN
WILMA
WIVES

Solution on page 172

Cartoon Characters

P U Y P O P E Y E F A T A L B E R T R O
O N O A L L J P R E C A R D E E P S D O
R D G L I O I B U G S B U N N Y T C H G
K E I V V R O N K U D F U N E T N O D A
Y R B I E T K O U R E E U W W H A O A M
P D E N O S P M I S T R A B B E M B K R
I O A L Y A M B U O D R U E O G O Y C M
G G R F L Y Y O Y A E E S T B R W D U A
D I U A F T M O O H K T E T E I R O D S
D Y K O E Y C R T P C S L Y G N E O Y E
U T O E T E D N L S U E B R N C D G S T
F G W H E E A U G M D V B U O H N U I I
R T G L R P T D C G D L E B P V O M A M
E I I O K O A P G K L Y P B S M W B D E
M W Y N O S P M I S A S I L Y W F Y R S
L E I B Q V X C M I N N I E M O U S E O
E P O B E T T Y B O O P K J S N O O P Y
Y O R X H K T N M L D C A R T M A N S P
B A T M A N E L K N I W L L U B C N A U
E W O K O F J N A M R E P U S E A Z C T

ALVIN
ASTRO
BART SIMPSON
BATMAN
BETTY BOOP
BETTY RUBBLE
BOO BOO
BUGS BUNNY
BULLWINKLE
CARTMAN
CASPER
DAFFY DUCK
DAISY DUCK
DONALD DUCK
EEYORE
ELMER FUDD
FAT ALBERT
GOOFY
GUMBY
LINUS
LISA SIMPSON
MICKEY MOUSE
MIGHTY MOUSE
MINNIE MOUSE
MR MAGOO
OLIVE OYL
PEBBLES
PINK PANTHER
PLUTO
POPEYE
PORKY PIG
ROAD RUNNER
SCOOBY DOO
SNOOPY
SPEED RACER
SPONGEBOB
SUPERMAN
SYLVESTER
THE GRINCH
TWEETY BIRD
UNDERDOG
WILE E COYOTE
WONDER WOMAN
YOGI BEAR
YOSEMITE SAM

Solution on page 172

SpongeBob SquarePants

S S D P V P U K N B P V Q Y N N J U J Y
X E L D E E N A E S D I K P V G X B V X
S A Y I G P I N E A P P L E C Y B T A M
H S A D V Z C Y D R A W D I U Q S S R O
H P O D H G K A R A T E X A S J Y T N Q
U O N X S R E S T A U R A N T L R A E P
F N D M U P L J D K G N M I O Y R R A L
R G Q O V L O O R T B P D E M A D F S I
B E N A I J D N O W A M P E E I J I E A
S Q L I H E E O G H R M R K R A B S O N
L W B T V R O L B E C E B K S W X H H S
I U Y E T I N X L O B S E O D N A L S I
R F C C Q A R J O Y A U K X E D P T L K
C E Y P D H E D B K F T C V T L K S E M
F T T M C O J S S X R I I K A Z R A R R
X L R A A M V G T A Y L S N A E A I R S
M D E P R O C K E U C N K H G J H L I P
B B X E P I C E R Y O T N R J F S O U U
X E O Z S U P O T C O O U U M E U R Q F
Y Y N M L A G O O N K B Y J F F P N S F

BEACH
BOATING
BURGERS
CRAB
CUSTOMERS
DRIVING
EVIL
FOOD
FRY COOK
FUNNY
GARY
ISLAND
JELLYFISH
KARATE
KIDS
LAGOON
LARRY
LOBSTER
MOAI
MR KRABS
MRS PUFF
NICKELODEON
OCTOPUS
PEARL
PINEAPPLE
PIRATE
PLANKTON
RECIPE
RESTAURANT
ROCK
SAILOR
SCHOOL
SEA NEEDLE
SEA SPONGE
SEATTLE
SHARK
SHOES
SNAIL
SPONGEBUCK
SQUIDWARD
SQUIRREL
STARFISH
TEXAS
UNDERWATER

Solution on page 172

Beavis and Butthead

X O I U E U Z S H P J S K A M N S B A M
I O H B A T H R O O M E C S D D D M J K
G W N U G U Y S E K O J H O N I O O V W
Y G O N E I G H B O R D G Y R H E A A X
I Z O G J L A I R A D E L T C E R A L B
Z P T H S D N E I R F N Y U O O I M F T
Z D R O G K K I L V D F O A M I F N I N
D U A L N C W Y B B O C G U L U D P L M
V O C E I L H G U R U S H Z V S A I M Q
M L V D H S E I R E S O H C A N S M R Z
J V C O G T C I C B X C R R G W F A C F
C M I L U R T F T K O I V T M I D R R S
O O M O A A W U M B S Y Z A L K U G V C
A F Q D L W S N B M U D S D N D I S I O
L B R A C E S N A H W I N G E R O C K O
O K M U M T N Y O D V C U Y L G U D H L
O G A E K S P C Z A H T Y S G Q E S F I
H V H R V C O M E D Y L Y D Q J A Q W G
C C F X R W I B V V S S W Z N D Z D W P
S P P B B X M S Q G W X E L P K W Q Y B

BATHROOM
BEAVIS
BOYS
BRACES
BUNGHOLE
BUTTHEAD
CARTOON
CHICKS
COMEDY
COOL
COUCH
CRASS
CRUDE
DARIA
DIRTY
DUMB
FIRE
FRIENDS
FUNNY
GIRLS
GURUS
GUYS
HOODLUM
HUMOR
IDIOT
JOKES
LAUGHING
LAZY
LOUD
MCDICKER
MTV
NACHOS
NEIGHBOR
ROCK
SCHEMES
SCHOOL
SCORE
SERIES
SICK
SLAYER
STEWART
TROUBLE
UGLY
VIOLENCE
WINGER

Solution on page 172

The Simpsons

F I E E C E J E U V O B P P S B D J O B
I F H Y L S E S X W E O Y D L M V P A K
X M U G G I W G L O N S N O S L E N O R
E C O D G T S P S F R L M N M R P K R U
N W K G F C E A M I L H O U S E T Y I S
N G A P K O O H O O W W T O R R H N Q T
H M N Y H M C H G G B P Q A O C N M B Y
L O I I K Q H W X A M B W U T U G B D O
R K M C Z P I H L R T J B A C R I E J L
E A A E M I L L B Q B L R L A M M Z O O
H V T G R A D U Y Z E C E N E O R V D O
T Q E S Y B R N R M S A D M C N E O W H
O O D R T N E G A B R P G Q I J H K R C
M T M E S S N K E H A C N P O T T O Y S
Z M S D W E E E Q P C R I Y V C A M D M
B D R N A R L U L Y P R N K Z D F A O Y
I Y X A X R I M G H A C E E I V O M R M
J M J L L R C Y A C G X O M Y L I M A F
K U Z F K P S M I T H E R S V H X K P Z
M U D Y T X H Y A I V Z G U S W V H U A

ANIMATED
APU
BARNEY
CHILDREN
COMEDY
DUFF
FAMILY
FATHER
FLANDERS
GRANDPA
GROENING
GUEST STAR
HOMER
ITCHY
KRUSTY
LENNY
LISA
LOVEJOY
MAGGIE
MARGE
MERCHANDIZING
MILHOUSE
MOTHER
MOVIE
MR BURNS
NELSON
NUCLEAR
OTTO
PARODY
QUIRKY
RALPH
SCHOOL
SCRATCHY
SELMA
SITCOM
SMITHERS
SNOWBALL
TROUBLEMAKER
VOICE ACTORS
WIGGUM
WOOHOO

Solution on page 172

Dora the Explorer

V E V A X T D X C M C L G V W R E M B A
W F J Q M O L A A G U U O H P A J U C Y
U L N X V R A P W Q T R T E Q Q W S A Z
Y P C E M N S L T S E R O F A M I L Y I
S X P U F O G Y P P A H K I B C P O K V
T B P F E G N J I V L C X E U C S E R V
A B A Y B G O W E Y K E S Q E D J K L D
Y G V U P I S L E Z S I H P L Z K W X S
D F M W D N I C K J R G P S A G Y P I I
S A Q U O R N O J P E N G U I N Q A Z F
X T V S S Y A S J N B U M O Z N I P A P
Y H S P G I G W D I M F F A Q Z G S S D
N E Y T I O C T O P U S K I D S L I H I
L R K A R J I G U A N A N I T A L E N E
U P J N L O U U C Z D O R A B O O T S G
P E X L O V P K O Z S D R U S Y O T O O
W M K V A M C S C V T S L Q S P N I C C
P V O I A W Y T U O C L Q D F C M N C I
W P I M S Y P T A S I A S C F L U T E T
M R I B U C B W K H P C T Q N H D V R B

ABUELA
BENNY
BOOTS
BULL
CUTE
DIEGO
DORA
FAMILY
FATHER
FLUTE
FOREST
FUN
GIRL
HAPPY
HELP
HILL
IGUANA
ISA
KIDS
LATINA
LESSONS
MAMI
MAPS
MONKEY
MUSIC
NICK JR
NOGGIN
NUMBERS
OCTOPUS
PAPI
PENGUIN
PLAY
PUZZLES
RESCUE
SINGING
SOCCER
SONGS
SPANISH
SPORTS
STARS
SWIPER
TICO
TOYS
TRAVEL

Solution on page 173

CHAPTER 9: **Sports on TV**

Wide World of Sports

X L F J H P V G G N I L R U C A C X A D
A L W G N I C N E F E Y O D M W J W N X
J A C O N D I I O L A C R O S S E D P C
G B C L I L G M L L A B T F O S N J M L
C D H F D N Z M O A R C H E R Y W Y J H
A N O R I Z P I P B B O W L I N G G I E
S A U G U W N W X T O O U C Z S A O M D
R H G L P G R S L O X D A R T S Y L M I
Q O J O M J B E N O I T I T E P M O C V
J Y S O N H A Y S F N D L G I A J H K I
T O H P I Y C I H T G D D L M N X T A N
V W O T N Y O H A N L E K A A Y G N Y G
Y R O T C I V F O L L I R H T B T A P N
R H T L E T L P D R A D N E H L E H Y I
N U I S W U G E A E N I I G L V K S R K
K N N S J N Q E V A F R Z Z E R C A A I
G U G N I O N O M A A E O B T G I U B B
C Q B P I O K U R V J R A Y I L R Q U C
S B W J O N H S U C S I D T C N C S Q H
N B G R W Q G N I L I A S O C C E R C X

ABC
AGONY OF DEFEAT
ANTHOLOGY
ARCHERY
ATHLETIC
BASEBALL
BIKING
BOATING
BOWLING
BOXING
COMPETITION
CRICKET
CROQUET
CURLING
CYCLING
DARTS
DISCUS
DIVING
FENCING
FOOTBALL
GOLF
HANDBALL
HUMAN DRAMA
HURDLING
JAI ALAI
JAVELIN
JIM MCKAY
JOGGING
LACROSSE
PING PONG
POLO
POOL
ROONE ARLEDGE
RUGBY
RUNNING
SAILING
SHOOTING
SOCCER
SOFTBALL
SQUASH
SWIMMING
THRILL OF VICTORY
VARIETY
WRESTLING

Solution on page 173

Summer Olympics

G T Q S U Y U F S I U O L T S N D C W K
S A R C H E R Y W G S Q O L U O E S G W
Z O B C B O X I N G F M N K A Y A K N X
N V F K C S O I L S E T D H T B U B I A
C N E T O L W T I E R J O K H X E K L X
J C N C B O B L I I G T N V E F N S I M
M V C R R A V L A N B N O T N I M D A B
K E I N O E L T I O G L B I S L L F S B
R A N A R D H L S M L M G L W O O J L E
S Y G I Y L T I B E T E E A G E H T A I
E J U D O S R D Y R L H T S B A K O L J
X D D N E A T B A E S E V Y N R C Y O I
O Y C R P B A M P C R G G D D O O X M N
O F W I E L P L I P E N B N D M T N Z G
Z I R X L O H T O S I A W E A E S G Z M
Y M A L L F E L V M L V N Y T S I T I E
Q Q C I D L O N M L B A R C E L O N A J
J Z N P H A D I V I N G D A T N A L T A
H E U T S G W R Q N O U P E O N A C V L
S H A S T S U K H C P S R X M K K K Q L

ARCHERY
ATHENS
ATHLETICS
ATLANTA
BADMINTON
BARCELONA
BASEBALL
BEIJING
BMX
BOXING
BRONZE
CANOE
CEREMONIES
DIVING
FENCING
FLAGS
GOLD
HANDBALL
HELSINKI
JUDO
KAYAK
LONDON
LOS ANGELES
MEDALS
PARIS
ROME
ROWING
SAILING
SEOUL
SHOOTING
SILVER
SLALOM
SOCCER
SOFTBALL
ST LOUIS
STOCKHOLM
SWIMMING
SYDNEY
TRAMPOLINE
TRIATHLON
VOLLEYBALL
WATER POLO
WRESTLING

Solution on page 173

Gymnastics

V M R Q S T R A I G H T U M B L I N G O
Y T N E M E L E Z C T W U A G R D H R S
H U R D L E T S I W T R A B H G I H O Q
R J U D G E S T E L R A R A B E S Q U E
P J G R W P A L E E R V D K P R M C T D
J C I S F G D S V U A E R I A L O P I B
Z P K G G D S O E U O S G B E A U H N O
A N C B A C K F L I P R N K L Y N E E X
V S I R U L Y T F L I E I G G O T U C K
N M T J A A J V I G V L R P N U Q V A L
S S S W A E S T D E X C P Q I T A Q Y U
Q J Q A P X L L N I L R S G R D P D P E
K W A E P E A U U E W I D X S F N A L L
F Z H D A C N A Q N K C N L X F E O L A
S E U P R U O S V K G G A W A L I B I C
F I T I A T I R D L E E H W T R A C K S
H W P V T I T E U A K L K A B O I F S R
G K W O U O P M H H N Z C A Z O M P D J
H M A T S N O O I C J S C O R I N G S F
S R O S S I C S R E T T O P S R P G H Z

AERIAL
APPARATUS
ARABESQUE
BACK FLIP
CABRIOLE
CARTWHEEL
CAT LEAP
CHALK
DISMOUNT
ELEMENT
EXECUTION
GRIP
HANDSPRING
HIGH BAR
HURDLE
JUDGES
LAYOUT
LEG CIRCLE
LUNGE
MAT
OPTIONALS
PIROUETTES
PIVOT
RELEASE
RING LEAP
ROUTINE
SCALE
SCISSORS
SCORING
SKILL
SOMERSAULT
SPIRAL
SPLIT LEAP
SPOTTERS
STICK
STRADDLE
STRAIGHT
TUCK
TUMBLING
TWIST
UNEVEN BARS
VAULT
WALKOVER

Solution on page 174

Super Bowl

Y S P M I L B A D C A M P A I G N S A K
T K W P S W T L G C I D R A B M O L E U
I B R Y T O C F A D V E R T I S I N G Y
R E N N A B D E L G N A P S R A T S M D
U M O T D D P M W I X D T Y O A C C N W
C A I G I U I A T R O P H Y A D N U S B
E G T Y U B H C L K S L E A D O U T W J
S E I T M F S I C L L A B T O O F N N V
G R T S H J N N O I P M A H C D L R O W
N P E A H C O T R F V C I V R U A T I H
I A P N A T I O N A L A N T H E M S S D
T E M Y M U P S E H C A O C N G E A I Y
A U O D U D M H Y G G O P N N A B C V P
R S C V S L A I C R E M M O C R O D E O
L I Q N I L H R O M A N N U M E R A L S
Q N L X C G C H H Q E A A V U V D O E T
D G E M I T F L A H M X P N H O R R T G
U E E M A G G I B L N M E O F C A B D A
O R N E N I E L S E N V Q X C L W G C M
Z S Y E S R E J M C F O U F F O X Q F E

AD CAMPAIGNS
ADVERTISING
AFC
BIG GAME
BLIMPS
BROADCAST
BUD BOWL
CHAMPIONSHIP
COACHES
COMMERCIALS
COMPETITION
COVERAGE
DYNASTY
FOOTBALL
HALFTIME
JERSEYS
LEAD OUT
LOMBARDI
MACINTOSH
MUSICIANS
MVP
NATIONAL ANTHEM
NFL
NIELSEN
POSTGAME
PREGAME
RATINGS
ROMAN NUMERALS
SECURITY
SINGERS
STADIUM
STAR SPANGLED BANNER
SUNDAY
TELEVISION
TROPHY
VENUE
WARDROBE MALFUNCTION
WORLD CHAMPION

Solution on page 174

College Teams

L D M E B R U I N S P R E T S C F X T B
Z X D A D J C A C R A I D E R S A E X O
N C E G H I L E J I N T I W S G I N C W
V E G L S A T B M B G G W K X O J Y Y L
E G Y E R Z W V S R G N W X Q D C B E S
C S P S A X I K R A S A U I U L N O Q Y
L E N N G Q B I E S H N Z J O L B B F O
G H O A U J R I V Y N E A N W U I C P B
A S S T O I R T A P E O E T C B U A L W
C T U R C T K J E B T S R K I T N T O O
S E T A R I P L B Y K M E U A T D S B C
W K V P E Q T I F L O Y M R H O N I O G
J C S S N O C L A F E S H E D A R L S V
J O L R T M H O O S I E R S J K G U B B
S R E E I A Q O R P E S R O T A G T A E
N D B N T W C E K L W C R D T C S E D U
E C E O E U K D S I Y T U E R A M S G Y
J R R O W A L B L G E C H W D Z N L E L
S Z O S U H F S E I K S U H T I G E R S
H E J Q I R N A A S W W A R R I O R S T

AGGIES
AZTECS
BADGERS
BEAVERS
BOBCATS
BRUINS
BUCKEYES
BULLDOGS
COLGATE
COUGARS
COWBOYS
CYCLONES
DUCKS
EAGLES
FALCONS
GATORS
HAWKEYES
HOKIES
HOOSIERS
HURONS
HUSKIES
JAYHAWKS
LOBOS
MINERS
OWLS
PANTHERS
PATRIOTS
PIRATES
QUAKERS
RAIDERS
RAMS
REBELS
ROCKETS
SENATORS
SOONERS
SPARTANS
TARHEELS
TERPS
TIGERS
TITANS
TROJANS
TULSA
UTES
WARRIORS
WILDCATS

Solution on page 174.

Basketball Words

V G O M W E U H T I P O F F B P W H K G
H F H S S N D E N B S D S C Z L Z Q W C
B D F N I N N B P L I D R A W R O F A X
P A A F U P O D A G T E K S A B E C L U
W F O O R U C I N O T X M H H B S C K B
Y R B M N N C I T E O U X I H C N E B G
M E I D G I T N M U N I R U T N E U D H
R F B B F O L I Y A T J Q N A R F Y X J
W E I F O D R B M F P I S Z O M E V E N
B R O H Q E R G O E H P T A G V D V T R
I E S S P J I A L U K A H S N M E T O W
C E C I S B A G O N N E R G B B K R C O
H V J W S F R O U B O C E D R U I U S P
K X A S I B F D K A E I E P W B S O A F
E Y S Z D F M O Z R R R P Q E O H C M T
L E S F E A N S Y C E D O M Y R O C V C
H S I N L H F S O A Y T I C A F O D A I
F R S S I T R A V E L I N G S H P O S T
T E T C N T C P K J G P T E Y S C K A Y
J J Z N E H H M Y W N E E R C S M M T Z

ASSIST
BASKET
BENCH
BIG MAN
BLOCK
BOUNCE
CENTER
CHAMPION
COACH
COURT
DEFENSE
FANS
FORWARD
GUARD
HARDWOOD
HOOP
INBOUND
JERSEY
KEY
MASCOT
NBA
NET
OFFENSE
OFFICIALS
OVERTIME
PASS
PERIMETER
PLAYOFFS
POST
REBOUND
REFEREE
SCOREBOARD
SCREEN
SHOOTING
SIDELINE
SLAM DUNK
SUBSTITUTIONS
SWISH
THREE POINT
TIMEKEEPER
TIPOFF
TRAVELING
TURNOVER
UNIFORM
WALK

Solution on page 174

Winter Olympics

H O N O T E L E K S N J B K X N Y S C O
X I N O M A H C T C V O V E J A R A S O
M P X Z S N U O M U B O R P T P A L G O
L S T M O R I T Z S R O J W P A R C N E
C P E G B N X T L O D I L G A J E H I C
U N O S F D J E P B R O N Z E Y M O T H
R X N W G N I P M U J I K S G A M W A E
L N A I I G A C W P D S A P U L A B K E
I X G T H S J C A R K I F E L B H I S N
N Z A Z P N G R A L V L E E D E E A E L
G L N E O F H O E A P V W D A R L T R E
Y N O R O F B S L Z G E I S S T L H U H
J K D L R W P S B J B R K K L V I L G Q
Q I S A O E O C O I A Y I A S I L O I J
C O N N K G A O N O C I K T L L K N F F
Y C S D U L W U E L N E N I P L A E Z F
E K I Y G A Z N R G C N I N R E I D K U
C A N A D A L T G I F E A G O L D M E M
F T R I K A I R T S U A D K Z Y A Y Q M
L Y H O C K E Y E L L A V W A U Q S N E

ALBERTVILLE
ALPINE
AUSTRIA
BIATHLON
BOBSLEIGH
BRONZE
CALGARY
CANADA
CHAMONIX
CROSS COUNTRY
CURLING
FIGURE SKATING
FRANCE
GOLD
GRENOBLE
HOCKEY
ICE
INNSBRUCK
ITALY
JAPAN
LAKE PLACID
LILLEHAMMER
LUGE
MEDALS
NAGANO
NORDIC
NORWAY
OSLO
SALCHOW
SALT LAKE CITY
SAPPORO
SARAJEVO
SILVER
SKELETON
SKI JUMPING
SKIING
SNOWBOARDING
SPEED SKATING
SQUAW VALLEY
ST MORITZ
SWITZERLAND
TURIN
YUGOSLAVIA

Solution on page 174

Hockey

I A T T Z V R V D K Z J E Y K Z T E R G
V V X D R G T I X S K S T I C K R U E U
K S R R E B O U N D L K M Q N J V G K B
Q G B R F S H R T K B A C K H A N D C L
A N X Q E E S Y D S V T P C K I Y S O J
Y Z B B R V Y P Q I C E B S S Y F R L A
K J T M E O T B O L E Q E S H A H E B J
S E B O E P L R J W N H A P C O V K R U
L F Q V Z B A E D W E P O E I A T C E J
A A H F Z G N A B I S R G W S W A A A S
M D B T C L E K O X T U P F E V X T K G
G W A K H N P A A T A O H L Y I E T O P
E F R N E P Y W R R N U K S A W C A U U
P B T M A U M A D O L C N R U Y L I T Z
I R N U S C H Y S D E F L E C T I O N Z
M U A B S K H U N H Y T U O E M I T O G
B E V H I K K I C Y C P E N U K S N P T
F N C H S H O O T O U T D N E F E D O I
Y G F V T W J E W P P E F M A S Q Z A E
H H M U F Q R K C I R T T A H J R O Y P

ASSIST
ATTACKERS
BACKHAND
BLOCKER
BOARDS
BREAK OUT
BREAKAWAY
CANADA
CHECK
DEFEND
DEFLECTION
FACE GUARD
GOALTENDER
GORDIE HOWE
GRETZKY
HART TROPHY
HAT TRICK
ICING
NET
NHL
PADS
PASSING
PENALTY SHOT
POWER PLAY
PUCK
REBOUND
REFEREE
RINK
SAVE
SHOOTOUT
SKATE
SLAP SHOT
STANLEY CUP
STICK
TIME OUT
ZONES

Solution on page 174

Baseball Players

G S C G N O M E L B O B R E B A F D E R
N N Z M J O R G E P O S A D A R N E I T
U O I E N O S N A P A C U E S L H R Z H
O Y U L P X P N Y U X U D D A M G E R G
Y L G O L O W C H T U K D K M L U K K M
Y D L T Q I L A S O N G W H R G A J C A
C E G T A T H L D Y J E T C I D V E O X
T T Q A R O T C A E A Y K R C R O T R C
Y E N E R N B O S L B M D F E O M E B A
C W A H E Y E M M T K O L N F G B R U R
O R D W B P S E I S R A G R A E N R O E
B O N K I E T H K X E U L G A R J Y L Y
B N A C G R B I E N S A C I S C O P W J
A S R A O E U L M F E V V C N L H U E I
B A E Z Y Z A C U K F H H E R E N H R M
E N O O B N A D S I E I M G R M W L A R
R T J E D W A L S H Y E E O C E A Y C I
U O T Y O H E T I A W T F L T N R C D C
T O N Y G W Y N N Z L F F E D S D G O E
H A S O S Y M M A S I L L I W C I V R Z

AL KALINE
AL LOPEZ
ALEX RODRIGUEZ
BABE RUTH
BOB LEMON
CAP ANSON
CARL MAYS
CURT SCHILLING
CY YOUNG
DAN BOONE
DEREK JETER
ED WALSH
GARY SHEFFIELD
GREG MADDUX
JEFF KENT
JIM RICE
JOE RANDA
JOHN WARD
JORGE POSADA
LOU BROCK
MAX CAREY
MEL OTT
MIKE MUSSINA
MO VAUGHN
RANDY JOHNSON
RED FABER
ROD CAREW
ROGER CLEMENS
RON SANTO
SAM RICE
SAMMY SOSA
TED LYONS
TERRY PUHL
TIM KEEFE
TOM HENKE
TOM SEAVER
TONY GWYNN
TONY PEREZ
TY COBB
VIC WILLIS
WADE BOGGS
WAITE HOYT
YOGI BERRA
ZACK WHEAT

Solution on page 175

Golf

L I K W C F T P E M V H E C I R Q Q A T
M A T J H X Z N E Y E G O B H O C F X E
A U H A P I R G S Q L M F D R A Z A H X
S A L L A B F L O G P G A L L E R Y A U
T S F L X L E F T O M K I T E H B G V R
E A C S I E P I X L I S R E T T U P E J
R M N A I G G T V F D W W P P I N A L A
S S N N G Z A K W C H O A C E Y K U G U
P N R D L P K N S A M F Y C N S E U I S
O E A T T P Q U N R F Y G O B K R G M N
K A Y R Y B N D Y T O Z J U N F N R M C
Q D F A A A I A D I Y I L R E L G A E K
D L L P M C Q R V D X C N S P A A S V M
K O O H A X I S D M I E I E O G U S L C
K H Y P T V P A N I I V R G S H L E L J
T I D W E G C G U F E W O H U I N R M H
F I F R U V Y D O A M Z N T C Y R N U Z
C R S E R Q W A R D E G D E W T S Y U G
S R S C M C Q T E E H B V V J S W U B Z
G N G L Q L V T X T I A M K N F Z D N L

ACE
AMATEUR
BIRDIE
BOGEY
BUNKER
CADDY
CHARGE
CLUBS
COURSE
DIMPLE
DIVOT
DRAW
DRIVERS
DUNK
EAGLE
ERNIE ELS
FADE
FAIRWAY
FLAG
GALLERY
GIMME
GOLF BALL
GOLF CART
GRASS
GRIP
HANDICAP
HAZARD
HOOK
IRON
MASTERS
MULLIGAN
PGA
PIN
PUTTERS
RAY FLOYD
ROUND
SAM SNEAD
SAND TRAP
SENIORS
SLICE
TEE
TOM KITE
US OPEN
WEDGE
WHIFF

Solution on page 175

Pro Teams

G P S S Y S R J L O N S N U S L L I B Y
G I P O R K I V O O C A S K T Z S T E M
D A Y S C U C O V K E L R Q L S P B U X
I N P E E N C S R P L A E V O R U K C S
S Z J A M X O J Z U H L G Z C O R M T B
R B Z H N B U R B S V G N L Z C S N R A
E O A A S T A C B O B R A C A K A A P U
K Y C W J F H S E L O I R O C I V P F C
A L K K C H W E B A D Z P U G E I A Q D
L D I S E W F H R U G Z D T S S S C G W
Z F N D C T P K I S C L H W T R L E H W
V C G F O I S T C T N I E O E E W R K V
U X S V W D T I Z E E E N S J D O S N O
Y K I R B L G L Y K J S I M A I U A I X
Q S N W O R B E E A L R O D M A G I C A
W R L K Y T Q C R C N E X X A R H U K C
U E Y A S L P Q C S N K H O R N E T S Q
Q G R H Y H R A J G V C E J S R A E B P
T I B L Y O S L R I L A Z E H I T C Y J
Y T E G L D R S F J D P B N S R E L I O

BEARS
BILLS
BOBCATS
BRAVES
BRONCOS
BROWNS
BULLS
CANADIENS
CELTICS
COLTS
COWBOYS
CUBS
DODGERS
DUCKS
EAGLES
GIANTS
GRIZZLIES
HEAT
HORNETS
JAZZ
JETS
KINGS
KNICKS
LAKERS
MAGIC
METS
OILERS
ORIOLES
PACERS
PACKERS
PANTHERS
PISTONS
RAIDERS
RANGERS
RAPTORS
ROCKETS
ROCKIES
ROYALS
SEAHAWKS
SHARKS
SPURS
SUNS
TIGERS
WHITE SOX
YANKEES

Solution on page 175

March Madness

O P N P I Z G D N U O R G B Q R R A H P
G T S B I G D A N C E M K D U E D R W Q
O G Z W H H P I B H F O O O P P E E K C
V D Y Q E Y V Q S M Q S F O T F F Y N C
I P W T C E I Y U N L L R J E K E A G N
C N H I R P T N K A A T Y R K P A L F O
T I Y S W S D S M N E F E T C C T P F I
O G I Q N E W D I R A E J E A O W F O T
R T K I R C U F S X M S L A R A I D R A
Y K I D Q N G J R H T E A M B C P N E N
T T O T K E Q N E E B E S S E H X A G I
S G O K L R O V D R L D E P W Q P B I M
A N Z U I E C H A M P I O N S H I P O I
N I Y J R F Q T E S W O T N G A M E N L
Y R H T I N I X L J L H R E E C R P A E
D E P B D O A O R S B A S K E T B A L L
C G O T N C O M E L S G N I R I A P S M
M A R Y W H Q T E A Q O I W C I G I B V
D W T O C S A M H N N W R A P A Z H W D
Z I R S Z E A A C N T L V F C O U R T S

BASKETBALL
BIG DANCE
BRACKET
CELEBRATION
CHAMPIONSHIP
CHEERLEADERS
COACH
CONFERENCES
COURTS
DEFEAT
DYNASTY
ELIMINATION
ELITE EIGHT
FANS
FINAL FOUR
GAME
MASCOT
NCAA
NET
OFFICE POOLS
PAIRINGS
PEP BAND
PLAYER
REFEREE
REGIONALS
REPORTERS
ROUND
SCHOOLS
SEED
SLAM DUNK
SWEET SIXTEEN
TEAMS
TITLE
TOURNAMENT
TROPHY
UNDERDOG
UNIVERSITY
VICTORY
WAGERING

Solution on page 175

Baseball Words

C Z X S C T Q R R G E N A N U S O F S P
U J B D G P H A C B R O R R E X O Y D A
T U U A K C G H P R I A F L K U R C D C
U T H N S Y E M R N P D R E L I E F J X
O D G D M E Y P S J M C W S I N G L E H
D H P E R Y S G I S U A T P T N U B K F
S H I P R T U L F B Q A S E C U L A H S
X E V T A N S O I F Q U R C M K O I V P
G F O R S P S V E D L A E E O L Z G D T
T L T Q Q X W E L D E Y Y E H T E R U M
V S E S G K I H P U M R A W Z C L H Y D
H Q G E R D R M I T T P L U E E T T L A
Z S Y N V U V A R F P O P C O R N I F G
A S F Y D P Q D T A F B O B B L E O P H
N W U F H C Z H J N E A T Q B A T B O Y
T X W V X B R E M S C F L H S R T D P W
S O Z I L O B H A H T D A Z J W N T F R
Q L Y Y W Q P F B C E M E S R U N N E R
Y V M K G K K T W P Z Y T V O L C M V R
U R B I K L Z S G N I W S M A S H O G Z

BASES
BATBOY
BATTER
BOBBLE
BUNT
CENTER
CHEER
COACH
DUGOUT
ERROR
FAIR
FANS
FOUL
GLOVE
HELMET
HITS
MASCOT
MITT
MOUND
MVP
PITCHER
PIVOT
PLAYERS
POP FLY
POPCORN
RBI
RELIEF
RUNNER
SAFE
SINGLE
SLIDER
SMASH
SQUEEZE
STARTS
STEAL
SWING
THROW
TRIPLE
UMPIRE
WARM UP
WHIFF

Solution on page 175

Tennis

O Q U H J I T C L A Y N O V G J R R G Y
T R H H S V Y E L L O V S V C U N R M L
U Y C R I E Q L K Q R Y O B L L A B V S
H Y A E N O E S R C E G D U B N O D A D
W L O V G Y Y K P E A J T B D N E R U W
V P R O L A N D G A R R O S L U A O S Q
W U P E E M C X D U E E L A C F S P T H
S W P G S P I N B V C A D E F D L S R R
F E A N J R A A E A M A G E R Z E H A E
M I P A R H S S O N N E F A F L K O L V
S F H H K E I O H L G E C R B R M T I A
M J W C L R K H E A B D P U U E E L A L
A I A I H A H A T T L A O O V T D G N D
S B N C M R F N E I R D C R S N O U O O
H E A Y S A A S W R M U E K E U Y C P R
I C I U R V U K Y J B S O L C G A M E U
T K T G D K L F L F R E N C H O P E N D
Y E F A M F T P J O A A I A D O U N Q R
L U N Z M P U C S I V A D T T I K R B Q
K A N O D E L B M I W E T F E S M D T O

ACE
ADVANTAGE
ALLEY
APPROACH
AUSTRALIAN OPEN
BACK COURT
BACKHAND
BALL BOY
BASELINE
CHANGEOVER
CHRIS EVERT
CLAY
DAVIS CUP
DECOTURF
DEUCE
DON BUDGE
DOUBLES
DROP SHOT
FAULT
FRENCH OPEN
GAME
GRAND SLAM
ITF
IVAN LENDL
LET
LOVE
MATCH
MIDCOURT
NET
RACKET
RAFAEL NADAL
ROD LAVER
ROGER FEDERER
ROLAND GARROS
SERVE
SINGLES
SMASH
SPIN
STAN SMITH
TIE BREAKER
US OPEN
VOLLEY
WILD CARDS
WIMBLEDON

Solution on page 175

Football

S T A D I U M K J Z J V C C O I N C N I
H R I R G R E K X D R A O B E R O C S H
O F F E N S E I C T N U P R I G H T S K
T U Q L O C C C H A L F B A C K S D J C
G P W B I R U K E N B I U Y D O A D H O
U O B M S I W I T I N R X W P P O N D N
N S G U S M A N F T V K E L I U W O R V
T C E F E M B G E M S E A T G D W H F E
O K N S S A S R I T N O R F R N U G I R
U B O A S G C T E I G A L E S A Y E R S
C U B F O E J V L T H U W X J M U M S I
H U H E P P E D T F T B O E U E N Q T O
D I S T F W R O S I R F N I N N I J D N
O O I Y A A R Y E E J O A K I I F F O M
W O W L Y G Y E E L Z U W V O L O Z W M
N J S G Q R R S N D O M O I R M R L N M
A H L M A A I R N G J P A N S E M O C K
Z M Z F O S C E A O H S U P E R B O W L
D E F E N S E J B A L L G P A S S I N G
T A C K L E N I L L A O G R U N N I N G

BALL
BRETT FAVRE
CONVERSION
DEFENSE
DOUG FLUTIE
DOWNS
DREW BREES
END ZONE
FIELD GOAL
FIRST DOWN
FUMBLE
GALE SAYERS
GOAL LINE
GOAL POSTS
GRASS
HALFBACK
INTERCEPTION
JERRY RICE
JERSEY
JUNIOR SEAU
KICKING
LINEMAN
NFL
OFFENSE
PADS
PASSING
POSSESSION
PUNT
QUARTERBACK
RECEIVER
RUNNING
SAFETY
SCOREBOARD
SCRIMMAGE
SHOTGUN
SNAP
STADIUM
STEVE WALSH
SUPER BOWL
TACKLE
TOUCHDOWN
UNIFORM
UPRIGHTS
WISHBONE
YARD LINE

Solution on page 176

NASCAR

E G O R L C E N R S C O G W V E U L B G
Z P S F J X R R S J S P E E D W A Y A B
A G S X D P Q U W E N G I N E V P R B B
Z R A C K C O T S Z P I T R O A D H W B
B O P L E E P E T T Y P C U C F Z T K S
J S S K F G L M M H Y T T E P E L Y K P
Z N E G M W N O K E I D C L L I P H C A
X O N R G O O B P P C A H I A H U G A Q
M P O D W I T L P E R H B V P C C U R V
X S J N D C R O L W E O A H S W T O T U
H J J A L N U T R E M R J N M E N R V Z
C S P T E A B Z T O Y E S G I R I O T K
O N S S I S D J T O F X A H G C R B E Q
U I P D F C R U P F C L V P K E P R M X
O E D N N A A Y G M F S S Y V F S A L C
D G S A I R W R E N C H R I G K C Y E R
L A Z R R I E L E U F U R S E R I T H T
Y R S G U E R E O J D D C H A S S I S W
V A C H N O R F N D T I U C R I C L Z W
E G D O D G C H S O H S R F Q U S C P G

AIR WRENCH
AUTOMOBILE
CAR CAM
CHASSIS
CIRCUIT
COURSE
CREW CHIEF
DASH
DODGE
DRAG
DRIVER
ENGINE
FUEL
GARAGE
GRANDSTAND
GREEN FLAG
HELMET
INFIELD
JEFF GREEN
KYLE PETTY
LAPS
LEE PETTY
MECHANIC
MOTOR
NASCAR
OVAL
PACE CAR
PASS
PIT CREW
PIT ROAD
PJ JONES
POLE
RADIO
RICKY RUDD
SCOTT RIGGS
SPEEDWAY
SPONSOR
SPRINT CUP
STOCK CAR
TIRES
TRACK
TURN
WARD BURTON
YARBOROUGH
YELLOW FLAG

Solution on page 176

CHAPTER 10: TV Through the Years

1960s TV

E T I L L E T A S T S E T O R P N Y C K
D G U N S M O K E M B O B D Y L A N Y A
R N A V I L L U S D E T B R E Z H N E V
A S E R C A N E E R G S T A R T R E K O
G R K E U Q O L L O P A Z N A N O B H N
N A K T N O S A M Y R R E P F O O K L R
E W D I I G C H E T H U N T L E Y C W M
T M A H X A S N O S E E R H T Y M A L B
H A N W O S M A I L L I W Y D N A J O T
E N N D N A L S I S N A G I L L I G S S
M T Y N Z J W A L T E R C R O N K I T E
U E K A F B O M C H A L E S N A V Y I W
N I A K S E N O T S T N I L F F F E N D
S V Y C I S U M K L O F T F B N L L S L
T H E A V E N G E R S A F E O J I L P I
E J U L I E A N D R E W S K E R P A A W
R L L B N G I J O E Y B I S H O P V C D
S P E E D R A C E R T R A M S T E G E L
B A T M A N K X W S E I P P I H R I J I
U C P A S S W O R D E H C T I W E B B W

ANDY WILLIAMS
APOLLO
BATMAN
BEWITCHED
BIG VALLEY
BLACK AND WHITE
BOB DYLAN
BONANZA
BREZHNEV
CHET HUNTLEY
DANNY KAYE
DRAGNET
ED SULLIVAN
FLINTSTONES
FLIPPER
FOLK MUSIC
GET SMART
GILLIGANS ISLAND
GREEN ACRES
GUNSMOKE
HIPPIES
JACK BENNY
JFK
JOEY BISHOP
JULIE ANDREWS
LBJ
LOST IN SPACE
MCHALES NAVY
MR NOVAK
MY THREE SONS
NIXON
PASSWORD
PERRY MASON
PROFILES IN COURAGE
PROTESTS
SATELLITE
SPEED RACER
STAR TREK
THE AVENGERS
THE MUNSTERS
VIETNAM WAR
WALTER CRONKITE
WILD WILD WEST

Solution on page 176

1970s TV

O U B F D U K E S O F H A Z Z A R D B Y
S P I H C B A R N E Y M I L L E R A R J
S E L I F D R O F K C O R W T O T E O G
L S N O S R E F F E J E H T F T L H O H
E M I T A T A Y A D E N O D L L N O A F
G H Y A W S E L P P A K L E A D D R L A
N C W O X I N N A M K A S G E T T W I N
A N A B D I S C O C R T T N I T W I C T
S U L E W Q X W A E A H V M O P X X E A
E B T V E B C B G R G E E H D A L L A S
I Y O O R I E L G I R S A T T E R A B Y
L D N L N M S A N F O R D A N D S O N I
R A S O O A L L I N T H E F A M I L Y S
A R I C P A R T R I D G E F A M I L Y L
H B L A C K S H E E P S Q U A D R O N A
C E I T A N N I C N I C N I P R K W K N
W H I N C R E D I B L E H U L K S W O D
H C G T Y N A P M O C S E E R H T O J D
A R E T R A C Y M M I J M O D S Q U A D
Y C N I U Q L I T T L E H O U S E R K P

ALICE
ALL IN THE FAMILY
APPLES WAY
BARETTA
BARNEY MILLER
BATTLESTAR GALACTICA
BIONIC WOMAN
BLACK SHEEP SQUADRON
BRADY BUNCH
CHARLIES ANGELS
CHIPS
DALLAS
DISCO
DUKES OF HAZZARD
FANTASY ISLAND
GERALD FORD
GOOD TIMES
HART TO HART
INCREDIBLE HULK
JIMMY CARTER
JOHN DENVER
KOJAK
LITTLE HOUSE
LOVE BOAT
MANNIX
MOD SQUAD
NIGHT GALLERY
ONE DAY AT A TIME
PARTRIDGE FAMILY
QUINCY
ROCKFORD FILES
SANFORD AND SON
SOAP
TAXI
THE JEFFERSONS
THREES COMPANY
WALTONS
WELCOME BACK KOTTER
WKRP IN CINCINNATI

Solution on page 176

1980s TV

C F A M I L Y T I E S R A E B E R A C M
H A Z W R R E V Y G C A M D Y N A S T Y
E W B L E N N A E S O R I P T I D E P T
E A V L E S E U L B T E E R T S L L I H
R G T H E W O N D E R Y E A R S C S V L
S N I A P G N I W O R G M N M A O T L R
N I G H T C O U R T L F I U N L S E R E
T H E F A L L G U Y V C R A O C B L I V
T T T H E F A C T S O F L I F E Y S G E
H E C I V I M A I M S F O B H H S E Y F
A M U R D E R S H E W R O T E T H W E E
R O N A L D R E A G A N Y A V F O H L C
T S E R C N O C L A F B N M H O W E L N
T Y N S L R I G N E D L O G K D E R A A
O T P U N K Y B R E W S T E R A D E V D
H R W M L A G W V M O O R D A E H X A M
A I R W O L F A P R E D I R T H G I N K
R H D U K E S O F H A Z Z A R D U W J C
T T Y G N I T H G I L N O O M D A U O V
M A E T A E H T R A N S F O R M E R S D

AIRWOLF
ALF
CABLE
CARE BEARS
CHEERS
CNN
COSBY SHOW
DANCE FEVER
DUKES OF HAZZARD
DYNASTY
FALCON CREST
FAMILY TIES
GOLDEN GIRLS
GROWING PAINS
HART TO HART
HBO
HEAD OF THE CLASS
HILL STREET BLUES
KNIGHT RIDER
MACGYVER
MAX HEADROOM
MIAMI VICE
MOONLIGHTING
MURDER SHE WROTE
NIGHT COURT
PUNKY BREWSTER
RIPTIDE
RONALD REAGAN
ROSEANNE
SAVED BY THE BELL
SMURFS
ST ELSEWHERE
THE A TEAM
THE FACTS OF LIFE
THE FALL GUY
THE WONDER YEARS
THIRTYSOMETHING
TRANSFORMERS
VALLEY GIRL
VCR

Solution on page 177

1990s TV

M T S E N Y T P M E Y T H E N A N N Y J
N O R T H E R N E X P O S U R E D I T F
R U I T T H R O L O C G N I V I L N I S
U C O N G T H E P R E T E N D E R E C L
G H I P H O P S R A E Y R E D N O W N I
R E G N A R S A X E T R E K L A W I I D
A D I A G N O S I S M U R D E R S E P E
T B A N I R B A S E L I F X E H T X S R
S Y W F R A S I E R O S E A N N E R A S
S A V E D B Y T H E B E L L V O E Z I Q
T N E M E V O R P M I E M O H T M L L A
V A F I N F O T A I N M E N T N Y L O L
S N D Y E V I F F O Y T R A P I O A R L
O G O O S E B U M P S S M R C L B B M Y
W E Q J N E U L B D P Y N H Z C L N O M
E L X Q U A N T U M L E A P G H C O O C
I N T E R N E T W I N P E A K S N G N B
R W I N G S G S M E L R O S E P L A C E
D P S C A I N A M I N A N N I U Q R D A
R B F D L E F N I E S D N E I R F D Y L

ALLY MCBEAL
ANIMANIACS
BOY MEETS WORLD
CLINTON
DIAGNOSIS MURDER
DR QUINN
DRAGONBALL Z
EMPTY NEST
FAMILY MATTERS
FRASIER
FRIENDS
GOOSEBUMPS
HIP HOP
HOME IMPROVEMENT
IN LIVING COLOR
INFOTAINMENT
INTERNET
MELROSE PLACE
NORTHERN EXPOSURE
NYPD BLUE
PARTY OF FIVE
QUANTUM LEAP
ROSEANNE
RUGRATS
SABRINA
SAILOR MOON
SAVED BY THE BELL
SEINFELD
SLIDERS
SO WEIRD
SPIN CITY
THE NANNY
THE PRETENDER
THE X FILES
TOUCHED BY AN ANGEL
TWIN PEAKS
WALKER TEXAS RANGER
WINGS
WONDER YEARS

Solution on page 177

2000s TV

Q G T R W J E C I T C A R P E H T F C E
K I N G O F Q U E E N S R O S W E L L S
E L E M E K I L D A E D F U T U R A M A
E M M C H A R M E D N A B D A O R B P I
R O P S G N I W T S E W O H C I R E J L
C R O H E L Y Q U E E R A S F O L K U A
S E L A Q T T H O G E O R G E L O P E Z
N G E R F J I S R A M A C I N O R E V D
O I V K K Y C O W R D T E R I W E H T A
S R E X T R E M E M A K E O V E R M Y R
W L D H I G H D E F I N I T I O N S T K
A S D V G I T H E S O P R A N O S N I A
D U E N Z E D I R Y M P M I P Y R A L N
I R T O M E N I N T R E E S G Z E T A G
G V S M S R A E P S Y E N T I R B I E E
I I E E S I X F E E T U N D E R A T R L
T V R N F K E L L Y C L A R K S O N E S
A O R I B H S O J D N A E K A R D E Z Q
L R A M E R I C A N I D O L P X K E I U
V F L E M S Q H H C T A W D R I H T P U

ALIAS
AMERICAN IDOL
ARRESTED DEVELOPMENT
BRITNEY SPEARS
BROADBAND
CHARMED
DARK ANGEL
DAWSONS CREEK
DEAD LIKE ME
DIGITAL
DRAKE AND JOSH
EMINEM
EXTREME MAKEOVER
FUTURAMA
GEORGE LOPEZ
GEORGE W BUSH
GILMORE GIRLS
HIGH DEFINITION
JERICHO
KELLY CLARKSON
KING OF QUEENS
MEN IN TREES
PIMP MY RIDE
QUEER AS FOLK
REALITY TV
REBA
ROSWELL
SEX AND THE CITY
SHARK
SIX FEET UNDER
SURVIVOR
TEEN TITANS
THE PRACTICE
THE SOPRANOS
THE WIRE
THIRD WATCH
VERONICA MARS
WEST WING

Solution on page 177

Western Life, Past and Present

X N P V X B T L V O D W U O W Z Z T U G
Z M X J E A N S P U R S O S T H Z I A W
I W Z D J E H J E R K Y A Y O S E D M W
K G I L X I N X L W X D K P S F O A R Y
E K A Z N A N O B P D N A N K G O E E X
R E G N A R E N O L U L O C I R V Y I Y
M T L C O Q P N E B O O I E A I J E N J
S O C A D U D Z T N L R S W R Z J K S T
A Y K N F E N C G A E E H D D Z D S E I
R O H Y R N A C S V H I I N P L Z I C A
F C R O P T A D A J D B E N I Y I H N Z
U I S N T S L M W E C O O L A A B W E C
C A P L S F Y A E O E D O R W D R K F K
P Q E I O T D X R L O A K B A A O R X F
U O D E S Y G R B I F D V R A M R F E W
H Y S U N T A B E P A I T O S S E B J T
Q E D S I L O C V H E T R N O S T E T S
U L X F A E L L R E T E U C O X T B Q Q
K X Z F L L D J L O H G H O R S E S W X
V A I E P O R R F J G W Z S A E W U K G

BONANZA
BRAWL
BRONCO
BUNK
CANYON
CATTLE
CORRAL
COYOTE
DANIEL BOONE
DEADWOOD
DOGIES
DRIVE
DUSTY
FENCES
GRIZZLY ADAMS
GUNSMOKE
HERD
HOPALONG CASSIDY
HORSES
JEANS
JERKY
LARIAT
LASSO
LONE RANGER
MAVERICK
PISTOL
PLAINS
PONDEROSA
RAWHIDE
REINS
RIFLEMAN
ROAM
RODEO
ROPE
SADDLE
SALOONS
SHEEP
SPURS
STETSON
TERRAIN
WHISKEY
WILD WILD WEST

Solution on page 177

Game Shows, Past and Present

P O B V O R S P F S L I P A S S W O R D
T W E N T Y O N E S R E L L O R H G I H
H H F T N Y M D E A L O R N O D E A L B
E D G K Y E E M A G G N I T A D E H T M
B E N I T O W G B E A T T H E C L O C K
A M S E R A U Q S D O O W Y L L O H O E
C A W W S S X B B N W J Y J O M F D N M
H G O D A D I D E C D L O L B U F L C A
E D H T U R T E H T L L E T O T O I E G
L E S E G A D F C C Y T Q O Q P R W N H
O W G I R C F R A I S O G N H Y T S T C
R Y N T C P O F O M R N U Q J R U R R T
R L O N H O Q Y A E I P E R C A N E A A
Q W G V Z T T K D L S L E Q L M E K T M
U E K D K R E S Y R Q O Y H X I Q O I G
E N U T T A H T E M A N L F T D F J O S
H G U O D C A T C I T P P N E N Y E N U
L O V E C O N N E C T I O N I U X H P C
P C A R D S H A R K S H B E H W D T B S
J L P G V D F J Y W D Q F W J G B U O G

BEAT THE CLOCK
CARD SHARKS
CONCENTRATION
DEAL OR NO DEAL
FAMILY FEUD
GONG SHOW
HIGH ROLLERS
HOLLYWOOD SQUARES
JEOPARDY
LETS MAKE A DEAL
LINGO
LOVE CONNECTION
MATCH GAME
NAME THAT TUNE
NEWLYWED GAME
PASSWORD
PYRAMID
THE BACHELOR
THE DATING GAME
THE JOKERS WILD
THE PRICE IS RIGHT
TIC TAC DOUGH
TO TELL THE TRUTH
TOP CARD
TWENTY ONE
WHEEL OF FORTUNE
WIN LOSE OR DRAW
YOU BET YOUR LIFE

Solution on page 177

CHAPTER 11: TV Stars

Actresses

N O D R O G H T U R E K A B Y H T A K F
E N A K L O R A C B A R B A R A B A I N
D H O P E L A N G E R T R U D E B E R G
I N R U H T R A E C I R T A E B Y A S N
E O D M T Y N E D A L Y U R B C E P T U
F T D I Y A T I G R A H O N R A N Z I O
A E R C C R A N I S T O N V A N N E E Y
L L O H C B O S T M M S H A M E A Z A A
C P F A E A T S T R B E T L E G J L L T
O A N E T F T E E J C Y O E S R S U L T
E T A L I E A L W A Y A O R S E H C E E
V S S L H T Y G A N N H B I I B E I Y R
E F L E W T W N I E A N Y E N E L L S O
A D E A Y E E O C C L E E H G C L L E L
R O B R T N N R I U E L L A Q I E E L H
D D A N T A A A R R D E R R R D Y B A E
E M S E E N J H T T A H I P E N L A W A
N F I D B V B S A I N W H E T A O L A T
E T T E U Q R A P N A B S R H C N L R O
N S A L L Y F I E L D Y Y M D V G Z D N

ANISTON
ARQUETTE
BARBARA BAIN
BEATRICE ARTHUR
BETTY WHITE
CANDICE BERGEN
CAROL KANE
DANA DELANY
DEBRA MESSING
EDIE FALCO
EVE ARDEN
GERTRUDE BERG
HARGITAY
HEATON
HELEN HAYES
HOPE LANGE
ISABEL SANFORD
JANE CURTIN
JANE WYATT
JANNEY
KATHY BAKER
KIRSTIE ALLEY
LORETTA YOUNG
LUCILLE BALL
MARY TYLER MOORE
MICHAEL LEARNED
NANETTE FABRAY
PATRICIA WETTIG
ROSEANNE ARNOLD
RUTH GORDON
SALLY FIELD
SELA WARD
SHARON GLESS
SHELLEY LONG
SHIRLEY BOOTH
STAPLETON
TYNE DALY
VALERIE HARPER

Solution on page 178

Actors

P E T E R F A L K O N A M O R Y A R D D
G U I L L A U M E S U T H E R L A N D S
C R O B E R T Y O U N G R E N S A D W A
B O J S G U V P S D L O N Y E R T R U B
S B U S D D E N N I S F R A N Z E Z E K
R E D A P S S E M A J I C C B M X T C R
E R D M H E G K L J C D E N M G N E Y A
V T H O Q H E A A K I N O A U A L B S Y
L B I H W H V C Y S R S R O R L L L I M
I L R T N A K G G Y T G P U E S P R L O
S A S Y S B E N B R Y E D S R G A A L N
L K C N E R Q L E E K Y D N A V K C I D
I E H N V H E B S S M A D A N O D A W B
H W N A G I L L U M D R A H C I R L E U
P Y I D R A E R I N I F L O D N A G C R
F S U B K K Q J A C K K L U G M A N U R
T Q A C L A L L J A M E S G A R N E R E
O G A L A N A L D A Y B S O C L L I B H
W J O H N L I T H G O W P A T I N K I N
N O S N A D D E T O N Y R A N D A L L W

ALAN ALDA
ASNER
BILL COSBY
BRUCE WILLIS
BURT REYNOLDS
CARL BETZ
DANNY THOMAS
DENNIS FRANZ
DICK VAN DYKE
DON ADAMS
GABRIEL BYRNE
GANDOLFINI
GUILLAUME
JACK ALBERTSON
JACK BENNY
JACK KLUGMAN
JAMES GARNER
JAMES SPADER
JIMMY DURANTE
JOHN LITHGOW
JUDD HIRSCH
KELSEY GRAMMER
PATINKIN
PETER FALK
PHIL SILVERS
RAY ROMANO
RAYMOND BURR
RICHARD MULLIGAN
RICKY GERVAIS
ROBERT BLAKE
ROBERT YOUNG
SAVALAS
SELLECK
SID CAESAR
SUTHERLAND
TED DANSON
TONY RANDALL

Solution on page 178

The Ed Sullivan Show

K C O M E D I A N S T S E U G S R D S J
R S P L A U G H T E R E L V I S U I T D
B S E C N A M R O F R E P S I N G I N G
S E R I A N A D R O J G E P J D H O S T
U E A T H G I N Y A D N U S U B A N D S
O D S E L T A E B T O T W V L P M N G W
M S I U C B S E N T E R T A I N M E N T
A U N I O R I E S L K H R R E I E W W S
F L G Y U M L G U M E B C I A T R Y O I
S L E Q I A N O S D C I R E N R S O R U
I I R Q T I G A O H S F D T D A T R B Q
W V S W L T M O I U O C S Y R M E K S O
E A E L R V R I M L D W R S E N I C E L
L N O E S S O R A N A I D H W A N I M I
Y R B C I R C U S A C T S O S E O T A R
R O I G I G O P O T J W I W M D B Y J T
R O C K S T A R S K S T E V E A L L E N
E H O U N D D O G N V A U D E V I L L E
J A C K P A A R E C N E I D U A V H W V
P E S P C F N E D Q O O H V D W E Q Q V

LIVE
MUSIC
NEW TALENT
NEW YORK CITY
OPERA SINGERS
PERFORMANCES
PUPPET
ROBERT GOULET
ROCK STARS
ROLLING STONES
SINGING
STEVE ALLEN
SUIT
SUNDAY NIGHT
THE DOORS
TOPO GIGIO
VARIETY SHOW
VAUDEVILLE
VENTRILOQUIST

AUDIENCE
BANDS
BEATLES
BIG SHOW
CBS
CIRCUS ACTS
COMEDIANS
DEAN MARTIN
DIANA ROSS
ED SULLIVAN
ELVIS
ENTERTAINMENT
FAMOUS
GUESTS
HAMMERSTEIN
HOST
HOUND DOG
ITALIAN MOUSE
JACK PAAR
JAMES BROWN
JERRY LEWIS
JORDANAIRES
JULIE ANDREWS
LAUGHTER

Solution on page 178

Johnny Carson

T K Y N A V Y G X U R N J G H Q S E X R
R E U G O L O N O M N E W Y O R K J A Z
V S L C P H C A L I F O R N I A D C N U
O A E E Q K A E R B G I B N Y U B K I Z
I C J K V C O M E D I A N H R N U G L L
K W L R O I N L C R K C Z O E A R N R C
I O W A V J S A G M K A S J T W B I A A
L H G P M J M I M R D Q Z S I M A W C R
T S D C R T O D O C S E V E R I N S E N
V D A R A A M A T N V G R R E T K F G A
I L J E H L A N N O J E G E M Y P L R C
M S P D C K H P W R N S K E E N B O O B
I B J S H S A O K I I I W E N I F G E G
G T Y K E H I A A C T V G E T T Q R G P
R S S E T O U T D N A B E H T P M U T S
A E T L X W R Y F N I J T R T S E U G C
D Y O T D E C S K E T C H E S S P I U Q
W X T O T S A C D A O R B Y D W H O S T
G N I N R O C E K S E L E G N A S O L J
S W E I V R E T N I K O I D A R W O W N

BIG BREAK
BROADCAST
BURBANK
CALIFORNIA
CARNAC
CHARM
COMEDIAN
CORNING
DESK
DOC SEVERINSEN
ED MCMAHON
ENTERTAINER
GEORGE CARLIN
GOLF SWING
GUEST
HEEEERES JOHNNY
HOST
INTERVIEWS
IOWA
JACK PAAR
JOAN RIVERS
JOKES
LOS ANGELES
MONOLOGUE
NAVY
NBC
NEW YORK
OMAHA
QUIPS
RED SKELTON
RETIREMENT
SHOWCASE
SKETCHES
STUMP THE BAND
TALK SHOW
TELEVISION
TINY TIM
TONIGHT SHOW
WIT
WOW RADIO

Solution on page 178

The Mary Tyler Moore Show

I A B R K Y O K W J E D A S N E R H M K
R E H T A E W S L O U G R A N T T F O W
L E S R K N A D C G G E X B V T M J W Y
L T T I N A M O W R E E R A C E T D U P
Y P F I L M R H U M O R N C R G E E A K
D T H R R O M A R Y R I C H A R D S F R
A X D Y I W P Y D W G O O E N O K K C O
L U C O L E E A S E I D M L C E N S R W
D N G C Y L N P E H A T E O H G I S Q O
N D N E I G I D Y N E Z D R O N G O W M
A A I O T N L S S T N Q Y E R O H B U E
L T K M I I D W N T G I M T M I T R Y N
X I O S O S H E B L E A M T A T R F T S
T N O S I O I W P F L D M E N A E B V D
F G C R E G R V Y E K W B R Y T P O W K
Q K W Q H N B S E T N O I A O S O D N U
X S I B E S N T W L T D W N X V R Q M M
F F O F O F F I C E E E E P T T T X N T
C R T A P A R T M E N T B N R E E D W Y
S E L K C U H C O P Y W R I T E R R T P

ANCHORMAN
APARTMENT
BACHELORETTE
BETTY WHITE
BOSS
CAREER WOMAN
CHUCKLES
COMEDY
COOKING
COPYWRITER
DATING
DESKS
ED ASNER
FRIENDS
GEORGETTE
GEORGIA ENGEL
HAT
HUMOR
INDEPENDENT
LANDLADY
LOU GRANT
MARY RICHARDS
MINNEAPOLIS
MINNESOTA
MURRAY
NEIGHBORS
NEWSROOM
OFFICE
PHYLLIS
REPORTER
RHODA
SINGLE WOMAN
TED BAXTER
TED KNIGHT
TELEVISION
TV STATION
TYPEWRITER
WEATHER
WINTER
WJM TV
WOMEN
WORK

Solution on page 178

The Andy Griffith Show

J E E N A N D Y T A Y L O R E D J M Q Y
K N K U W W B A R N E Y F I F E Y O W P
D O N K N O T T S I Y Q N S S I V O A X
N H U W K L T L H L Z R K L O P Y N L V
E P R I G E H L E O I V T A I O P S W F
I E D R F O E I L R E A Z N D L M H Q O
R L N E H D L X D A M F J I U E U I R P
F E W B O H M F O C M U V M T O R N M O
L T O O U O A F N H E S H I S S C E Z R
R Q T O S W L I L T T U H R U P N R R C
I G P G E A O R E R T W L C L O E S Q H
G S R N K R U E O O D A L N I H L Q Y G
O X D I E D Y H N N R A A T S S E S D I
M K L H E S D S A U R C A D E R H J E E
E H S S P P D K R A I T L Q D E F L P L
R C C I E R C L D R S E C E E B T N U A
P S L F R A N C E S B A V I E R C T T R
Y A I C L G N M A R O N H O W A R D Y N
L Y J B A U A G U N K Y R R E B Y A M G
E I B L L E B P M A C S I T O A V K O P

AMERICAN
ANDY TAYLOR
AUNT BEE
BARBERSHOP
BARNEY FIFE
BLACK AND WHITE
CLARA
COUNTRY
CRIMINALS
DEPUTY
DESILU STUDIOS
DON KNOTTS
EMMETT
FISHING
FLOYD
FRANCES BAVIER
GAS STATION
GIRLFRIEND
GOMER PYLE
GOOBER
GUN
HELEN CRUMP
HOUSEKEEPER
HOWARD SPRAGUE
JAIL
LAW
MAYBERRY
MOONSHINERS
NORTH CAROLINA
OPIE
OTIS CAMPBELL
PORCH
RALEIGH
RON HOWARD
RURAL
SHELDON LEONARD
SHERIFF
SMALL TOWN
TELEPHONE
THELMA LOU
TOWN DRUNK

Solution on page 178

Bob Newhart

K L Y A G M N A P D A E D U X R U S T G
C S T B D F S D S B A X P W R E O N N E
H I N U X R T B Y S C P O S H M O O E K
U U J T M M A F C D T H O N T M G W L G
B I M T D F K W H R S R Y O R A I Q L P
M Y M O I F S O O K T O A E C T G E E D
B C Z N R E Y M L H A Y V I Y S I T K W
D Q A D T B X A O D P F H E G N E Y R D
V L X O K M T D G M F C L Z A H T D E L
E C A W T T O N I G H T S H O W T Q D W
M A O N A N Z G S C R I P W V P E M N K
I T P M T Q E K T A K E D H S E H M A N
L R B I E G B R H Y T L R C T C S U V N
Y E S N O D B N E S Y J O C A I E S E A
G T Z D L Y I T F V C E F U N F L A U R
G H E A Y L P A W W E R T G D F P T I F
C G R U R F X N N I R R A H U O H I X Y
I U F A N N A O J F S Y R W P O N R H R
R A C W K L O F S N W O T I R R U E F A
X L Y O M U I N U Z N O S R E T E P T M

AUTHOR
BUTTON DOWN MIND
CARLIN
CBS
CHICAGO
COMEDIAN
DEADPAN
DICK LOUDON
DRY
EMILY
FINALE
HARTLEY
HOWARD
HUMOR
INN
IRREVERENT
JERRY
JOANNA
LAUGHTER
MARY FRANN
OFFICE
ORTHODONTIST
PETERSON
PLESHETTE
PSYCHOLOGIST
RURAL
SATIRE
STAMMER
STAND UP
STEPHANIE
STRAIGHT MAN
STRATFORD
TALK SHOW
TONIGHT SHOW
TOWNSFOLK
VANDERKELLEN
VERMONT
WIT
WRY

Solution on page 179

CHAPTER 12: TV Trivia

Electronics

Z G T P Z Z V B Z A R E C T I F I E R C
S I E E T R E S O N A T O R L T L T I Z
Q M G N K E A I P L A S M A U E P E Z G
V V A S E C L R E S N E D N O C O L M L
H H T E C R O T A L L I C S O E S E B D
C A T C B T A S U E N A M F R G I C Y J
E N A L C A E T R O H P S O H P T T S Z
R T W U N T T B O M S W T R T C I R P N
E E D N T S N K U R I I N M J C V O C S
S N G W T O E D S T C T O E I N E M N Z
I N R S L E R W C A M D T R N E I A N D
S A O L E H R H P M H U T G S G U G H R
T D U I X R U A R D T C U N U A I N O N
O W N O I T C E L F E D B C L T K E A V
R S D C P O W E R L R L H M A I M T H K
E A R M A T U R E D M L S G T V L I Q X
N A F K F N O C I L I S U S O E C C F W
J A G U L P L O W G N I P C R E D L O S
V L O O S Y D A K C A T H O D E D O N A
D B X O Z E Y L O F L I C K E R X K A D

ANODE
ANTENNA
ARMATURE
BEAMS
CAPACITOR
CATHODE
COILS
CONDENSER
CRT
CURRENT
DEFLECTION
DIODE
ELECTRICITY
ELECTROMAGNETIC
FLICKER
FUSE
GENERATOR
GROUND
INDUCTOR
INSULATOR
LCD
LED
NEGATIVE
OSCILLATOR
OUTLET
PHOSPHOR
PIXEL
PLASMA
PLUG
POSITIVE
POWER
PUSH BUTTON
RECTIFIER
RESISTOR
RESONATOR
RHEOSTAT
SILICON
SOCKET
SOLDER
SWITCH
TERMINAL
TRANSFORMER
VACUUM TUBE
WATTAGE

Solution on page 179

TELE- Words

N M C X P U J U V P J H S E J G J U W I
O P T S O D T E L E K I N E T I C Y U Q
I G U S O T E L E C O U R S E J W R S Y
T Z T N S T E L E V A N G E L I S T F R
A E E S O E P W W M H I C V E T S E T F
C L L S V I L M R L A N A T M E E M E Y
I I E E X B T E I D E H F E A L L E L K
N M G L O O W C T R P T C L R E E L E R
U I E E N L T G E A E W I E K C T E P T
M S N T M O O F R L D T P P E A A T L E
M C I S E L N G E S E D O H T S G E A L
O A C A H O E V I V A T C O E T K L Y E
C F N T C L I I N C H F S T R A A E A T
E E J E E S I V O Y A A E O Q T T P U Y
L L L T I Y F D T K N L L D P E H A C P
E E E O P L A T E L E T E N Z L S T F E
T T N D F D D C L I E N T E L E T H O N
P M M L I F E L E T N X D W W S U Y Z Z
G V O T E L E S S M R E L E T S O H N G
R T A K I X O C S T E L E P O R T O U Y

CLIENTELE
DATELESS
GATELESS
HOSTELER
NOTELESS
PLATELET
POSTELECTION
STATELESS
TASTELESS
TELECAST
TELECOMMU-
NICATION
TELECONFER-
ENCE
TELECOURSE
TELEFACSIMILE
TELEFILM
TELEGENIC
TELEGRAPH
TELEKINETIC
TELEMARKETER
TELEMETRY
TELEOLOGICAL
TELEPATHY
TELEPHOTO
TELEPLAY
TELEPORT
TELESCOPIC
TELETHON
TELETYPE
TELEVANGELIST
TELEVISION
VOTELESS

Solution on page 179

Sold on TV

F S U Y X L T S N S Q N W U J O P H W Y
M H S O O P M A H S E L K C I P A S T A
Z O N E L G I B C A T F O O D T O Y S I
V E I E C I U J T R B B U J L N S K W S
V S M U S T A R D E A F A R D V R S J S
M K A U J M B K T M B M K D N J E C E E
Z S T Y F P I Z Z A Y L Q G O I S I W I
C K I G D R M R I C F B F C K S T N E V
Y N V N H C E M K O O M R O C C A U L O
U I E O V P A P A T O E O I J S U L R M
C R A C K E R S N U D C N D A E R B Y E
B D N O R B S E L I B O M O T U A A W D
A X N C L J G T T B R S S K C A N S C I
N R E E B R U C M T R I T S E H T O L C
K C V S E M A L C E N O O D L E S Z G I
I B T T K R I E N I N S U R A N C E S N
N K E K D F L A S R E T U P M O C X Z E
G D Z S A E E M C V F A S T F O O D C Y
C Q P H H L F Y F X E Q P T M F Y L M J
F L F I C A N D Y C Y L Y S H V S W F E

AUTOMOBILES
BABY FOOD
BANKING
BEER
BREAD
CAMERAS
CANDY
CARS
CAT FOOD
CLEANERS
CLOTHES
COMPUTERS
COOKIES
CRACKERS
CREDIT CARDS
DETERGENT
DRINKS
ELECTRONICS
FAST FOOD
FILM
FURNITURE
ICE CREAM
INSURANCE
INVESTMENTS
JAM
JEWELRY
JUICE
MEDICINE
MOVIES
MUSTARD
NOODLES
PASTA
PERFUME
PICKLES
PIZZA
RESTAURANTS
SHAMPOO
SHOES
SNACKS
SOAP
SODA
TOYS
VITAMINS
YOGURT

Solution on page 180

TV Crew

J Y G R A P H I C S T E R Y I Y E K D P
Q U R E N N U R E X I M B E C L L Q N N
H L V H I I U Y E T T A M F A F P L U F
P N W P U B L I C I S T R E S O P M O C
V V O A H M B T I T L E S P T O H O S D
T L A R M R M O O B N A E R I N L C S M
X O U G Y D E N Y G R C E O N Y A R B T
Y Q U O N H Q F I B I E I D G R C E X B
Z A Q T E H C S F A Y D H U P E I H V M
E H E A E G E O L A S I L C I L N C X L
Q A T M R D V E O H G T D T R L H T I K
M A L E C I F M O R C O I I G A C I V R
T L Q N S F T A R A D R W O R G E W O E
R S I I E P K K M X E I K N A E T S Y T
R Y O C U K Q E A S T U N T S D C S E I
P N T K L A R U N O P E R A T O R T L R
K S X Q B A M P A A S S I S T A N T O W
C Y R S A G U L G S E M U T S O C H F R
W S E Q U E N C E A E U T S I T R A J Y
W L L U C O N T R O L R O O M Q I L B A

ADR
ARTIST
ASSISTANT
ASTON
BLUESCREEN
BOOM
CAMERA
CASTING
CHYRON
CINEMATOG-
RAPHER
COMPOSER
CONTROL ROOM
COORDINATOR
COSTUMES
DESIGNER
DIRECTOR
DOLLY
EDITOR
FLOOR MANAGER
FOLEY
GAFFER
GALLERY
GRAPHICS
GRIP
KEY
MAKEUP
MATTE
MIXER
OPERATOR
POST
PRODUCTION
PUBLICIST
RESEARCHER
RUNNER
SEQUENCE
SOUND
SPECIAL EFFECTS
STUNTS
SWITCHER
TEAM
TECHNICAL
TITLES
VISION
WRITER

Solution on page 180

Channels

C J M F L K T L F Q A O U G I V K M P A
H J Y T F U P N Q K Q R G P P F W O Q U
Q Y H B O L A R T N E C Y D E M O C M E
M N K R O W T E N A S U P Y T C I N R F
S V E N D N A L V T I B T V T H T I A F
N M Y E N S I D I E Q I R M P A X T V I
B H A L E N N A H C L E V A R T N L N O
C J N L T Z A H Z A V Y R E V O C S I D
N F I E W N P S E T H G T V B O U H C U
B Q M N O C A R T O O N N E T W O R K X
C P A N R B X R X E L P E I V O M E E Y
U T L A K O U P G O L F C H A N N E L F
N K P H F O B L O O M B E R G I Z S O O
I R L C C S A F H N J B T U I O W T D X
V A A I J N V K L I F E T I M E V W E Y
I M N F O U T D O O R C H A N N E L O G
S L E I N S H T Y G Y J V X E R O C N E
I L T C E C C E M I T W O H S B Y D B N
O A V S I B E B G Z M F Y O B Y A L P S
N H V Z R A T S N Q G J A C I X V Y V S

ABC
ANIMAL PLANET
BBC
BET
BLOOMBERG
BRAVO
CARTOON NETWORK
CBS
CNBC
COMEDY CENTRAL
COURT TV
DISCOVERY
DISNEY
ENCORE
ESPN
FAITH TV
FOOD NETWORK
FOX NEWS
FOX REALITY
GOLF CHANNEL
HALLMARK
HBO
HGTV
HSN
LIFETIME
MOVIEPLEX
MSNBC
MTV
NATIONAL GEOGRAPHIC
NICKELODEON
OUTDOOR CHANNEL
OXYGEN
PAX TV
PBS
PLAYBOY
SCI FI CHANNEL
SHOWTIME
STARZ
TECHTV
TNT
TRAVEL CHANNEL
TV LAND
UNIVISION
UPN
USA NETWORK

Solution on page 180

Rhymes with TV

T M Q Z T S T D K A K Y H V F T A D G G
J H L K E U Y J D U K Z G D W Z D N X J
F J J O P L E A X W Z R X P B E D T E E
T B Z U U D B Z N L N T O A N E S T L E
J F W H D I E L T G U M N L B C V W H F
Y L C F L E E C E E T S U R T M N X X C
N B M Y U E D I R E H Z I D E E W U U A
H V U G N E K O V E K S E S E T O J Y G
E W Z I D U G E E N E I L W H T C W P Y
H E A T R Q E T E E R G A R R W T H W I
L R S Y E R F E E B B Q E E D S E I C Y
T Z C E G A U P A W N E E F P M H L O B
Y W L E R M O Z N R H E E B I A Z W O L
E G D D T O G F G I B R T C H L S J B L
L I R M H S F F W L Q P V W C W N U U Z
M W T W E G R K M U C S X F M F R X J X
Y H Y R E O E K V R F S L X J Q S Q T W
B L S E D H E Z S S O Y D Y T R W P T Q
L Y Y V Q Y J G A N S L P L G B G A R A
R R A A Z F F T C E N K K R K R A M G U

AGREE
BANSHEE
BEE
BRIE
DEBRIS
DECREE
DEGREE
DRAFTEE
EMCEE
FEE
FLEE
FORESEE
FREE
GEE
GLEE
KEY
KNEE
LOUIE
MARQUEE
NESTLE
PAWNEE
PLEA
SPREE
THEE
THREE
TRAINEE
TREE
TRUSTEE
WEE
WHOOPEE
YANGTZE

Solution on page 180

Color TV

Y N O A K J G A X V F N C V H X W I M Y
K K S D R R E A D I D Z A S H S L F Y A
O L S H A P C B A X C O M N U V U N N P
P D A Y W U F O R X H F X D A C E L R E
C Q K E D Z M W N I H L Y L H L X O B L
S L Y L T N L E E T G D S S N O O R A M
D C A L I C U L Z N R H I T N E M G I P
B Q B O N L P G T N A A T Z N H E L D E
P D A W U R J R R D O Q S N E Q U S I A
W M J Y U E S I O U Q R U T E N M O G C
K K M P U U W W O J B G B A R S J O I O
Z H F D M A M T W L E N O P G I S S T C
G K X N P A Q S A U O C O L O R T R A K
Z C P Z S D G C H S J H T R D X G R L L
V T S K I C K E M U H N E I T I Y E D N
J K P T E O A I N M P B X V O I G V E N
E I I I N M R N Y T M A I D I N N L A X
X N Z K N C I I N A A X C E A L A I G N
T W O B A K B L S E E Z Z R X P O S R L
V T K T O Q C R Y Y D X O M Z K V I U T

AMBER
ANALOG
AQUA
BLACK
BLUSH
BRIGHTNESS
BRONZE
BURGUNDY
COLORTRAK
CONTRAST
CRIMSON
DIGITAL
FUCHSIA
GOLD
GRAY
GREEN
HUE
LIME
MAGENTA
MAROON
NAVY
NTSC
OLIVE
ORANGE
PALE
PEACOCK
PIGMENT
PINK
PROJECTION
PURPLE
RCA
RED
SCANNED
SHADOW MASK
SIENNA
SILVER
TEAL
TINT
TONE
TRINITRON
TURQUOISE
YELLOW

Solution on page 180

Advertisers

E R M X N M L B P N X S Z T C S Y F I K
K H S O G J U E O G I D T K B F M B M Y
Y T A R G E T N E F A C S E N O U O K Y
B H F E L X A M I C R O S O F T D D A Y
A E I X O C T S O C I T M Y E N S I D E
L G Z Q P J Y L K U B T B Q E E J I O P
S A M S U N G I X U L E I T B C S M K J
E P T Y H A U T Y E K I N G P U Z W C G
A N N E T S B U D W E I S E R C M S W D
R O I E Y H L I F T N I N S M O Y E E C
S N R X M Q I N A S O N Y E R C U L B U
Z O P P A Q Y T M X E O T T E A L P F Q
N K S E F P S E W Y T L S T Z C N A S S
Y I U D P L P L X R I D P E I O O T A K
Y A R I L S L L A F R L U L F L Z S U P
Y Q M A Y P I M E O T L Z L P A I A Y F
W S S N C K L C N E T F L I X Q R D S T
T O Y O T A V F O O W A L G R E E N G Y
A V B M W F Y K D M M M T H F H V O P B
Z E M B K P B P U D Q O K Q F E S H C G

ALLSTATE
APPLE
BEST BUY
BMW
BUDWEISER
CANON
CITIGROUP
COCA COLA
COLGATE
COSTCO
DELL
DISNEY
EXPEDIA
GILLETTE
HEINZ
HONDA
IBM
INTEL
JC PENNEY
KFC
KODAK
METLIFE
MICROSOFT
NESCAFE
NETFLIX
NIKE
NINTENDO
NOKIA
NORDSTROM
PEPSICO
PFIZER
SAMSUNG
SEARS
SONY
SPRINT
STAPLES
TARGET
THE GAP
TOYOTA
TOYS R US
UPS
VERIZON
WALGREEN
WALMART
XEROX

Solution on page 180

CHAPTER 13: TV Award Winners

Drama Emmy Winners and Nominees

Y E B Z P V M P V H O M E F R O N T N L
Z S K E R T R A T S P S E O R E H E D L
H U N O N N A C L X T E B Z O E M C T O
E O B Q M C T O H H V N R Z P D B D H S
U H K Z M S A C E L O U G R A N T A E T
L G L I R O N S I D E W A M Y D Z L W U
B H G A A Y O U E V K C D T W M O L A D
D B C V S P H N G Y T E H X C R A A L I
P M F A R S P O L I C E S T O R Y S T O
Y X W A E I I B C I A I C O L U M B O O
N T N I F B A E V V G P E T E R G U N N
B O I X S R A I E O Q H L S M Z T J S E
S K A C E E M N Q U A N T U M L E A P Y
K O R T D A G S I E V I T I G U F E H T
J J T Y I E E U P H C T W I N P E A K S
B A N M R G K S Y M C I K U N G F U J A
Z K O S A D E A D W O O D E X T E R M N
H M G M B O N A N Z A O O E F A M I L Y
A M A V E R I C K X I N N A M C T J X D
Q D W L U P K K R E Q M X O Z K N A X U

BARETTA
BEN CASEY
BONANZA
CANNON
CHINA BEACH
COLUMBO
DALLAS
DAMAGES
DEADWOOD
DEXTER
DYNASTY
FAMILY
GUNSMOKE
HEROES
HOMEFRONT
HOUSE
I SPY
IRONSIDE
KOJAK
KUNG FU
LASSIE
LOST
LOU GRANT
MAD MEN
MANNIX
MAVERICK
MEDIC
MIAMI VICE
MOONLIGHTING
NAKED CITY
NYPD BLUE
PERRY MASON
PETER GUNN
POLICE STORY
QUANTUM LEAP
STAR TREK
STUDIO ONE
THE AVENGERS
THE FUGITIVE
THE PRACTICE
THE SOPRANOS
THE WALTONS
TWIN PEAKS
WAGON TRAIN
WISEGUY

Solution on page 181

Comedy Emmy Winners and Nominees

I G E T S M A R T G W P U E S C R U B S
X A L H T Q F L I N T S T O N E S E M X
A R E E H A R H O D A Q R W B D W C C B
T C E M E M A E C P E B O W N I A A H X
R T S O O M S I A R U R U E T B N L A D
U L L N F A I N E F B G I C A D Y P L F
O A R K F D E R F Y L R H T I E N S E A
C E I E I A R A H Y F E M D W R A K S M
T B G E C B L P B S D A C K B M P N N I
H C N S E O R E H S N A G O H A M A A L
G M E S B U T M H G M H U S B U O R V Y
I Y D I M T M R P E E P E R S D C F Y T
N L L L Y Y U T R D L E F N I E S T B I
E L O A A O B A R N E Y M I L L E R X E
C A G V J U L I A W O N D E R Y E A R S
M D D P E F A M I L Y A F F A I R Y S O
V H A Z E L A B R L Q G E N E W H A R T
W O D D C O U P L E E G A R U O T N E V
S E S R E E H C S I G Q J G G X A O S C
G A G F V B C B Y A O P M N C Z Q G Z A

ALLY MCBEAL
ARNIE
BARNEY MILLER
BATMAN
BEWITCHED
BUFFALO BILL
CANDID CAMERA
CHEERS
ENTOURAGE
FAMILY AFFAIR
FAMILY TIES
FLINTSTONES
FRANKS PLACE
FRASIER
FRIENDS
GET SMART
GOLDEN GIRLS
HAZEL
HOGANS HEROES
I LOVE LUCY
JULIA
MAD ABOUT YOU
MAUDE
MCHALES NAVY
MR PEEPERS
MURPHY BROWN
NEWHART
NIGHT COURT
ODD COUPLE
RHODA
SCRUBS
SEINFELD
SOAP
TAXI
THE MONKEES
THE OFFICE
THREES COMPANY
UGLY BETTY
WONDER YEARS

Solution on page 181

Daytime Emmy Winners

W I J S D H B X A I G A W B Q I C W Y E
S D T Q M U E M A R M M M S D O O W W S
L G U Q G B R E K L A W L T W A L T O N
C R D G U B G K C C T T E H C T I R P V
U L A C I A M F F L A N N E R Y Y L A F
N U A Y D R A P O E J Q D D L D M L E G
F A Z B I D N I C C U L U O C X D Q W Y
U U M R N G J B Y S R E R C B U E H Y L
X H E Y G A V R E O F E P T F Y C E W O
J A O G L T A H W Y M C O O P E R I O S
E I N G I E G R L M H A U R H S I N L T
E N A M G U E I I O M R U S W S Y E S A
N E D A H H M Z D A Y B E R L S N M A F
R S A N T A B A R B A R A H A E Q A Z F
Y B D O F Q C T O Y E R A C G W Z N Y O
B E N A R D I V W A T S O N H A E A D R
L A I V Y N R E S S A R T S A S L S K D
M T L X E Z Y A S O R T A W X C A L T H
X N Y Z N E D E A R B L E B L A N C A V
X Z Q U A S Y Z P K C E H K E A T I N G

A MARTINEZ
ANOTHER WORLD
BENARD
BERGMAN
BRAEDEN
BRYGGMAN
BYRNE
CANARY
CAREY
CASH CAB
COOPER
DAILEY
FAMILY FEUD
FLANNERY
GALLAGHER
GEARY
GUIDING LIGHT
HAINES
HEINEMAN
HUBBARD
HUGHES
JEOPARDY
KEATING
LEBLANC
LINDA DANO
LUCCI
LYMAN
MAURA WEST
PASSWORD
PRITCHETT
RYANS HOPE
SANTA BARBARA
SLEZAK
STAFFORD
STRASSER
THE DOCTORS
VAL DUFOUR
WALKER
WALTON
WATROS
WATSON
WOODS
ZASLOW
ZIMMER

Solution on page 181

Supporting Actor Emmy Winners

N C U F D E I M P E R I O L I D S S H P
R B N S F W I L L G E E R L B L E C N H
O N A I L O T N A P L E C A U N A H K T
T V M R D L H J D R K C D W S O N I K P
P T R E Y D V G E A L A R O F S H F O N
I R E N S A D E R R L Y A D I L A F T I
R E L T A H O D A U E B X C E E Y T E L
D M L A R C Y Y C N B M C M L R E N D O
R A I H T R W C R A H Y Y P D R S E K G
O L H S R A O A N G B O R P R A E L N R
B E J A L I C O I R C J B A I H T R I A
R X L S X T T D U O I O G L G V T A G M
E R T M R S K C C M W D A C R D E K H A
I O M A O O E S M Y A N R N I R U N T C
N C F P M W E Y D R B O Y O C O Q H N N
E C M D E M S E B R J Z F D H F O O I I
R O T I A M V K S A J I R R A T R J L C
T T T J I I J P U H A L A O R I R S O O
F Z S T T O N K N O D E N G D H A J R L
F G S O R E R E P M E L K T S W L S B V

ALEX ROCCO
ART CARNEY
BADALUCCO
BRAD GARRETT
BROLIN
BRUCE WEITZ
BUSFIELD
CHAD LOWE
DEVITO
DON KNOTTS
DYSART
ED ASNER
ELIZONDO
GARY BURGHOFF
GARY FRANK
GORDON CLAPP
HARRELSON
HARRY MORGAN
HILLERMAN
IMPERIOLI
JAMES COCO
JEREMY PIVEN
JIMMY SMITS
JOHN KARLEN
KLEMPERER
LARROQUETTE
LARRY DRAKE
MACNICOL
MARGOLIN
MCDOWALL
PANTOLIANO
RAY WALSTON
RICHARDS
RIP TORN
ROB REINER
SCHIFF
SEAN HAYES
SHATNER
TED KNIGHT
TOM POSTON
WHITFORD
WILL GEER

Solution on page 181

Supporting Actress Emmy Winners

R Y L C Y N T H I A N I X O N T S W I F
L E Z O E E S B T S E I L U G R A M A L
J G I R F B A N N A M H C A E L R A N A
L M I V F A I A A Q Z G A P V T E R S C
O A W E A R N M R U D L R D A I H I E T
H N Y M H B T L G Y I E O N L W S O L E
C H T A A A J R E C S R L O E S I N L M
I E T R M R A E E S I S K R N A F L E A
N I E Y X A M P L S A P A Y T T L O N L
C M G A W H E Y R M C X N A I T I R C G
M I E L A A S O O S Z L E M N E A N O N
U K L I R L B H E L G E N B E R G E R I
L S L C B E T P A M E L A B R O W N B N
L N E E R Y P A T C A R R O L L D Y Y N
A A T T T T E L T R A B E Y E N N A J A
L R S T R U T H E R S M N E U W I R T H
L A E C N A V N A I V I V S A Q V B W C
Y B E T T Y W H I T E N A R E P R A H W
R L G I T T E W O R D U K B V V U F N B
X H M A R C H A N D A E H E R O O M O T

ALICE PEARCE
BARANSKI
BARBARA HALE
BARTLETT
BAVIER
BETTY THOMAS
BETTY WHITE
CAROL KANE
CHANNING
CYNTHIA NIXON
DORIS ROBERTS
ELLEN CORBY
ESTELLE GETTY
FABRAY
GAIL FISHER
HARPER
HEIGL
HELGENBERGER
JANNEY
KAVNER
KUDROW
LEACHMAN
LEE GRANT
LORETTA SWIT
MAHAFFEY
MANHEIM
MARCHAND
MARGULIES
MARION LORNE
MARY ALICE
MAYRON
MCNICHOL
METCALF
MOOREHEAD
MULLALLY
NEUWIRTH
PAMELA BROWN
PAT CARROLL
PERLMAN
PRESSLY
SAINT JAMES
STRUTHERS
VALENTINE
VIVIAN VANCE
WETTIG

Solution on page 181

Peabody Winners in the 1980s

E I S H O G U N H C A E B A N I H C N N
N B G M F O D L E G B O B C B S N E W S
I M T E N J S N O S R A C Y N N H O J O
L P E T S B S E T E E R T S E M A S E S
T R V I E F C D M Y E A E W S Y E E U D
H E O K U Z N T I A A V L E K E N L H N
G S D N L Q I I E A G O E N E L I P A U
I E E O B T E R C L S N V C E K L O N O
N N M R T H E R P K E I I B Z N T E O S
T T O C E E N R M E E V S A E I N P D T
T S S R E M I J E A H L I O R R O S L R
T C E E R U A U P H N T O S N B R Y I A
I A N T T P R F K Z W T N D I G F E H E
W R O L S P B C E A E E E O E O A L P H
E L L A L E E C O S M O S I S O N I P N
H S M W L T H D I A E V I L V E N M D A
N A A L I S T A I R C O O K E X Y S Z T
O G N I H T E M O S Y T R I H T P E F U
D A L A L A W O N D E R Y E A R S B P R
C N O S N E H M I J W O H S Y B S O C E

ABC NEWS
ALISTAIR COOKE
BBC TELEVISION
BOB GELDOF
BRAINGAMES
BRINKLEY
CARL SAGAN
CBS NEWS
CHINA BEACH
CNN
COSBY SHOW
COSMOS
DIAGNOSIS AIDS
DON HEWITT
EYES ON THE PRIZE
FRONTLINE
HEARTSOUNDS
HILL STREET BLUES
IBM PRESENTS
JIM HENSON
JOHNNY CARSON
LA LAW
LIVE AID
LONESOME DOVE
NATURE
NBC TELEVISION
NICKELODEON
NIGHTLINE
NOVA
PBS
PHIL DONAHUE
SESAME STREET
SHOGUN
SKEEZER
SMILEYS PEOPLE
ST ELSEWHERE
THE BRAIN
THE MUPPETS
THIRTYSOMETHING
VIETNAM REQUIEM
WALTER CRONKITE
WONDER YEARS

Solution on page 181

Peabody Winners in the 1990s

Z A E B R V T H B G W I S H B O N E O T
T I M O R G D N A E C A L L A W N E T H
A S L E S P N K O P P E L R E P O R T G
K L A H R N O T H I N G S A C R E D H I
R Z R T E I L T H E P R A C T I C E E N
D K R O U N C U O Y T U O B A D A M S S
K M Y H L R L A F R E D R O G E R S I W
O T S S B H D I N S W E N C B A T C M E
C U A N D M O A F P E L L E N N W A P N
I O N O P V T O Y E L S R L A D I I S I
T D D O Y L F V P N O A Z O P P N N O L
I E E M N N C G U D I F Y E S R P A N T
Z L R E I S A R F N R G B H C E E M S N
E G S W E N K C I N P E H I O J A I W O
N N S L A E B C M Y L L A T R U K N E R
C I H N W O R B Y H P R U M L D S A N F
O S O N A R P O S E H T A G S I S E S E
H S W E S T W I N G C J M G G C V N B C
N O R T H E R N E X P O S U R E U E C O
D L E F N I E S D G R E N R U T D E T O

ABC NEWS
ALLY MCBEAL
AMERICAN PLAYHOUSE
ANIMANIACS
C SPAN
CBS NEWS
CITIZEN COHN
CNN
DR KATZ
ELLEN
ESPN
FRASIER
FRED ROGERS
FRONTLINE
HOOP DREAMS
KOPPEL REPORT
LARRY SANDERS SHOW
LIFE OF BIRDS
MAD ABOUT YOU
MOON SHOT
MTV UNPLUGGED
MURPHY BROWN
NBC
NEWSNIGHT
NICK NEWS
NORTHERN EXPOSURE
NOTHING SACRED
NYPD BLUE
PRIDE AND PREJUDICE
ROSEANNE
SATURDAY NIGHT LIVE
SEINFELD
SINGLED OUT
SNL
TED TURNER
THE PRACTICE
THE SIMPSONS
THE SOPRANOS
TWIN PEAKS
WALLACE AND GROMIT
WEST WING
WGBH TV
WISHBONE
WNET

Solution on page 182

Peabody Winners, 2000–2004

J K V T K C S E L I F O R P Z Z A J C W
E N T Q B I L L M O Y E R S F W M L X R
R A H L A R T N E C Y D E M O C E E M E
I R E D N U T E E F X I S H R N R R R K
W F D D D O N B C N E W S Y N T I U O N
E E A A O C V S Q A E C F A A M C O T I
H N I T F E O A D N A R H E R N A H S T
T N L E B I U O S M E C H O N B N S G T
H A Y L R T R B E E Y T F P C P E W N N
E S S I O A C I T R E N R N O B X E I A
S T H N T K N O E C I E E E B V P N R R
O A O E H R W V E O S W Y O T U E E E G
P T W N E N O I T E S L E W F P R H H N
R E R B R C P T N W O T M O O B I T T I
A O A C S R E T S A M N A C I R E M A W
N F L I E R S T H E C R O S S I N G G T
O P D T G B O S T O N P U B L I C N S S
S L S E C N A M R O F R E P T A E R G E
I A R E L G N A E T E L P M O C S K Q W
M Y D O O R T O D O O R E N R O C E H T

ABC NEWS
AMERICAN EXPERIENCE
AMERICAN MASTERS
ANNE FRANK
BAND OF BROTHERS
BERNIE MAC SHOW
BILL MOYERS
BOOMTOWN
BOSTON PUBLIC
CBS NEWS
CNN PRESENTS
COMEDY CENTRAL
COMPLETE ANGLER
CRY FREETOWN
DATELINE NBC
DISCOVERY CHANNEL
DOOR TO DOOR
DORA
GATHERING STORM
GRANT TINKER
GREAT PERFORMANCES
JAZZ PROFILES
KATIE COURIC
MASTERPIECE THEATRE
NBC NEWS
NOVA
POV
REGRET TO INFORM
SIX FEET UNDER
STATE OF PLAY
THE CORNER
THE CROSSING
THE DAILY SHOW
THE NEWSHOUR
THE SOPRANOS
THE WIRE
WEST WING

Solution on page 182

Peabody Winners, 2005–2007

B N F E Y A R P R O J E C T R U N W A Y
Z T H E S H I E L D R E D A D H G A B P
Z T H E O F F I C E X W Q N D P P A Q D
I L E R U T A N W A C R L E L Y B I X K
O V Y T T E B Y L G U A S A X L N K H H
P J S T H G I L T H G I N Y A D I R F F
D P T B P L W C U E G E B C E T E O B H
H B A R A X M H L N T R I P R T B W O W
O S E I R C B N S E A S E M H R B T Q F
H B D A K A O Q A E S N L G O O L E D Y
N U O N K T U R N A D O U T B P E N I L
O R O R S A T M L E A A H W E E A N H O
I C G O D H O C N N D E O I N R K O T O
S S B S D O B T Y S R O D D I T H O E P
I W N S R B L M N H D X E F L R O T B K
V E E A X E J O O R J X T S E E U R A C
I N M N N P E O U F T C C P T B S A Z A
N S D S C D D F E E K F T I A L E C I L
U B A B I B F K R O W T E N D O O F L B
I C M G I V A T H E S T A I R C A S E G

A ROOM NEARBY
ABC NEWS
BAGHDAD ER
BBC
BLACKPOOL
BLEAK HOUSE
BOB WOODRUFF
BOSTON LEGAL
BRIAN ROSS
BROTHERHOOD
CARTOON NETWORK
CBS NEWS
CLASSICAL BABY
COLBERT REPORT
DATELINE
DESIGN SQUAD
DEXTER
ELIZABETH I
FOOD NETWORK
FRIDAY NIGHT LIGHTS
GIDEONS DAUGHTER
GOOD EATS
HBO
INDEPENDENT LENS
MAD MEN
NATURE
NBC
PBS
PLANET EARTH
PROJECT RUNWAY
SCRUBS
SOUTH PARK
THE OFFICE
THE SHIELD
THE STAIRCASE
UGLY BETTY
UNIVISION

Solution on page 182

ANSWERS

Chapter 1: Classic TV Shows

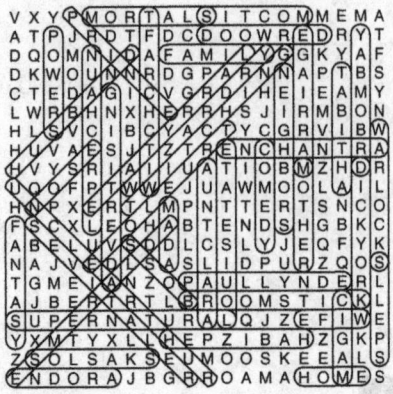

Bewitched

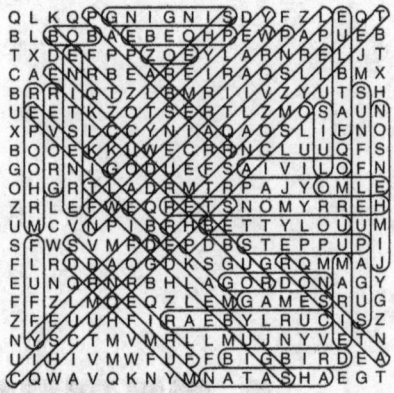

Sesame Street

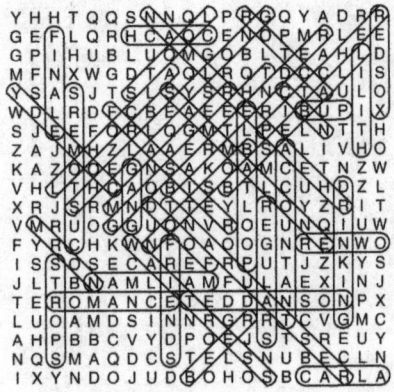

Cheers

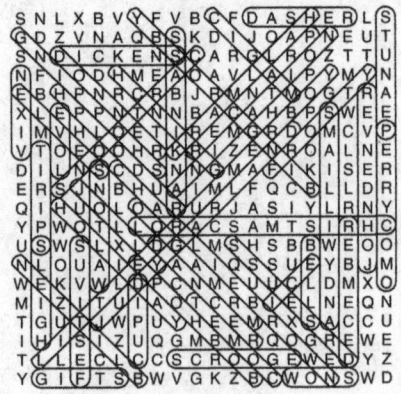

Christmas Specials

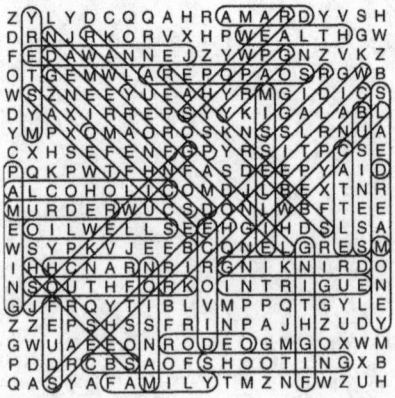

Dallas

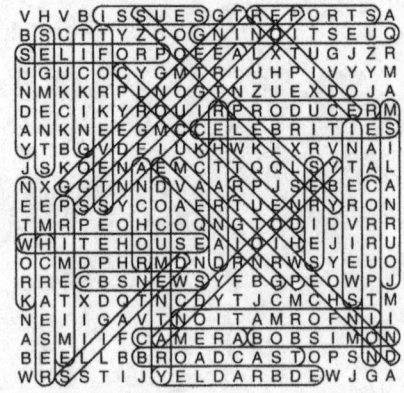

60 Minutes

Chapter 1: Classic TV Shows

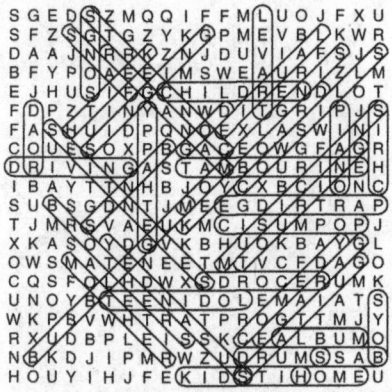

The Partridge Family

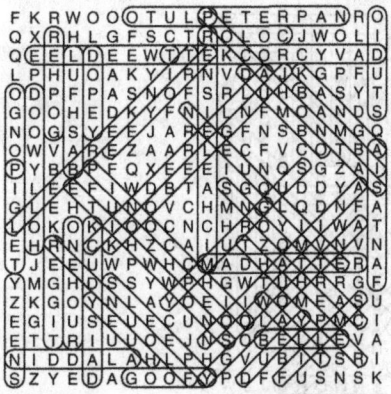

The Wonderful World of Disney

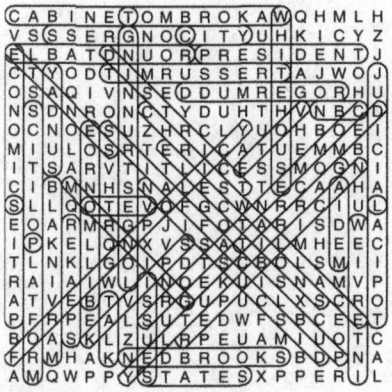

Meet the Press

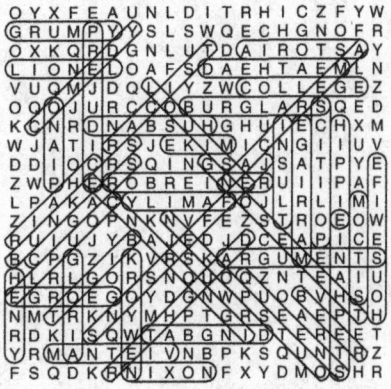

All in the Family

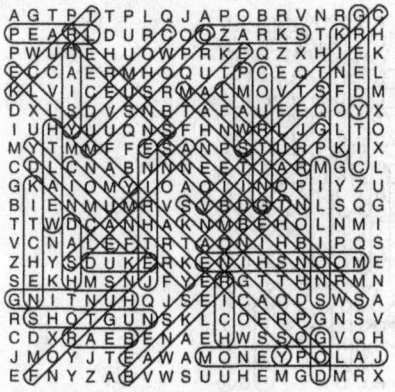

The Beverly Hillbillies

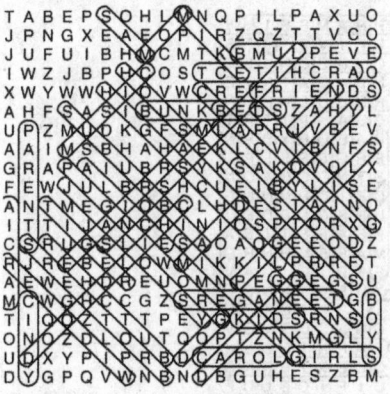

The Brady Bunch

Chapter 1: Classic TV Shows

B G I L E Y S J E O Y B U L C T H G I N
J X O Q W C O W L R W Y G N I N W D L C
P N K H I L N A L O A L O E N E C E J F
Z V B K H D N A J J C D M W G M H N Y W
L R Y T E D F I V F K M I Y J T A N G O
N F H R L W F O E G Y E I O E R P Q N D
A J E O A X D Z D S E R W R D A O S U K
U K R P A R M P U X M T Z K G P S C U S
G D S I A T S L A S M Z A N R A I S E D
S D N C M C O N V E Y O R B E L T P X N
F B I A I I B N O X E N R S L U Q A P E
I R T N B T A A A I O L D E C N V N E I
Y S R A Y S N M N B T Z B I R K O I C R
E W I A G E U A I D L A T U C U G S T F
E G C N T B L H V B L C U G O A N H I Z
T D K R G C G W B L E E T T F R T A N F
Y K S P R E G N A N T A A J I F T E G J
V R G H D Z B D N R X H C D R S Z B D I
D O O W Y L L O H J E W X H E C Z D G S
X J O I C H C E N O T S N W O R B J J W

I Love Lucy

Chapter 2: Dramas

M T S E N Y T P M E L P R A M S S I M Y
T C P B W P A R T Y O F F I V E T J F S
P S H C A E B A N I H C U B S C H K L E
V R E U N I O N C E A N D A G A I N I E
D A W S O N S C R E E K H D O L R O P R
F M R D P T T A G T H G E A N P T T P T
N A V D O W O K I I C R A B O E Y S F N
T C T A O I N S L D T E R G S S S L R I
H I F D O N P I M S A S T N E O O A Q N
E N E L O P U S O E W C B I O R M N U E
S O L I F E B T R C Y U R K G L E D E M
O R I K L A L E E N A E E A E E T I E A
P E C E U K I R G E B M A E F M H N R D
R V I M O S C S I F F E K R I O I G A M
A Y T E S X O L R T E X H B L K N N S E
N M Y S O C A L L E D L I F E C G A F N
O W G K K R A H S K O C G S Q O T M O V
S A V I N G G R A C E T H E N I N E L J
J T H E W E S T W I N G D E X T E R K D
T H E S H I E L D P A C I F I C B L U E

Drama Shows

T H L W U U B L Z R X A I Y O E H P P J L
M N I N N V U K Z J E U O G J U N G L E
H T X X O B A T O D C G U O R U H O J M
P Q I I Z T N O N N A G H S L U M A A O O
L B E D E X T R O U B L E L O I C M B B
D R A M A F T U E M G Y I P Z K O R E A
Q G I G T N M R B B P E A E N K V A G S
Z D K G Q U I Y R E T S Y M D U Y A S I
P H E Y W A S E C R E T S Z H E S C U E
V O V A I W R Z L S P H I Q O A T P G D
K K L R T I O B B F R G P J T D H H R P
Y T S M A H H A W A I I L E C Q G D A P
Z K E L W T J I N T O L I P Q Q L U W N
Z X C W B Q C S F D K E Y Y U P L Q N C
B U H L P P O H G X E A A N N O L N U S
M A C E R C G H Y A T L U N F F E K R
Y M N R M M O N N H Y O I F E E R K N J
L O C F H E Y C F R E E H A S Q P C T N
N M H R C B S D D Z S V K R Y R S O B B
S W U Y K P Q C H A B P C Q N Z P L G A

Lost

Chapter 2: Dramas

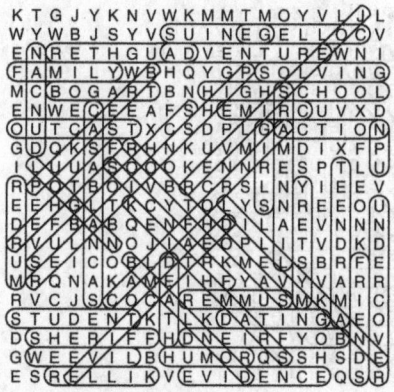

Veronica Mars

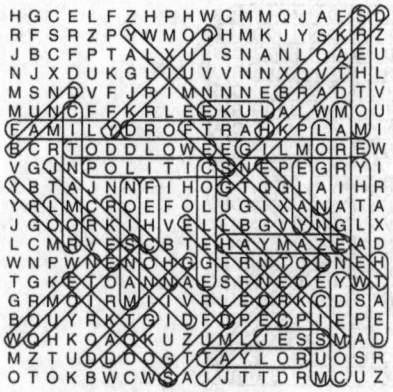

Gilmore Girls

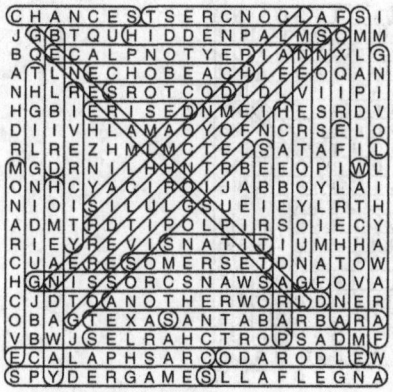

Soap Operas

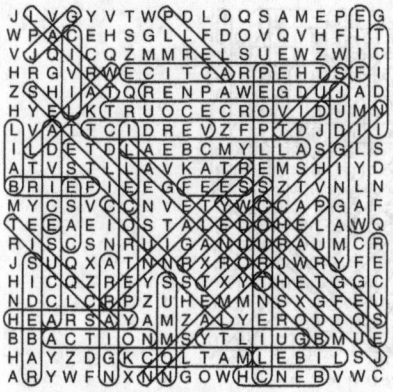

Legal Dramas

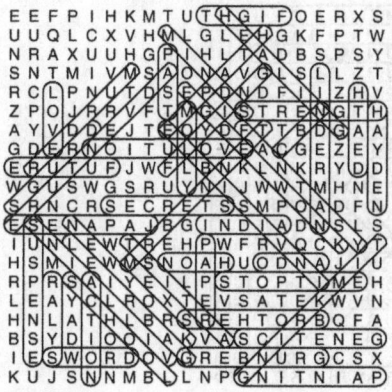

Heroes

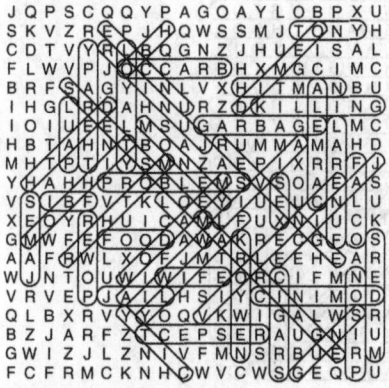

The Sopranos

Chapter 2: Dramas

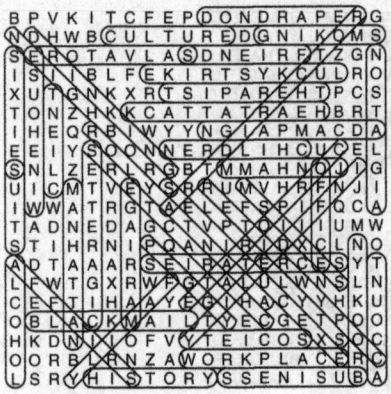

Mad Men

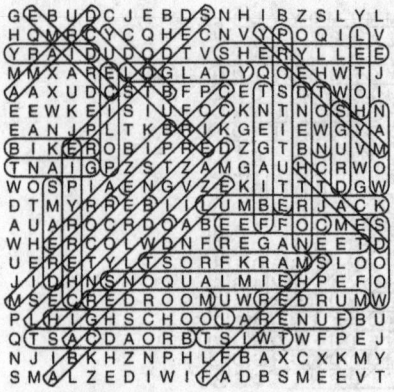

Twin Peaks

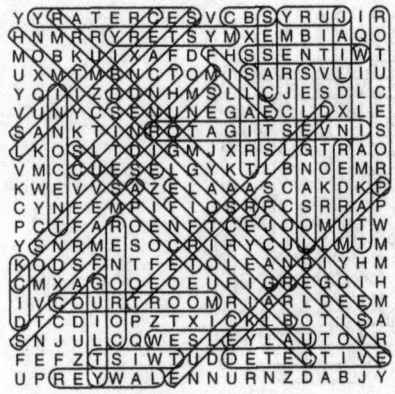

Perry Mason

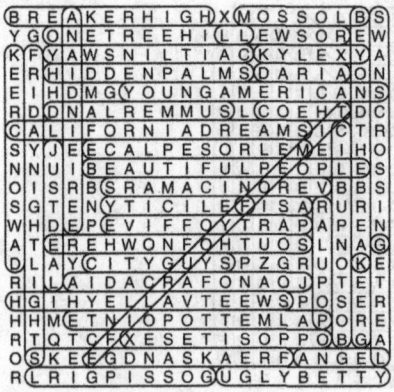

Teen Dramas

The West Wing

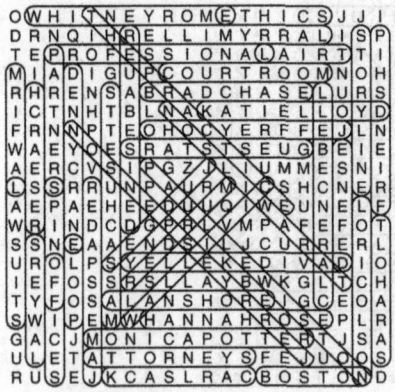

Boston Legal

Chapter 2: Dramas

Desperate Housewives

Chapter 3: Sitcoms

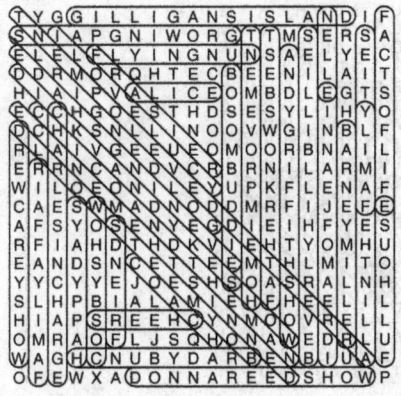

Comedy Shows A–J

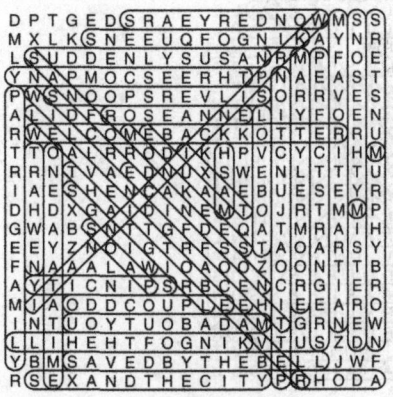

Comedy Shows K–Z

Chapter 3: Sitcoms

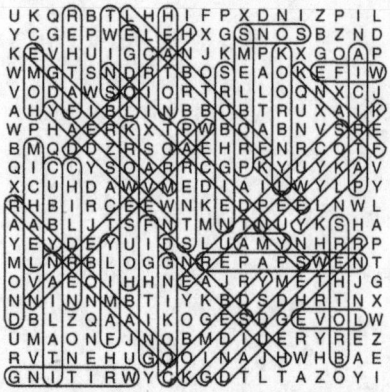

Everybody Loves Raymond

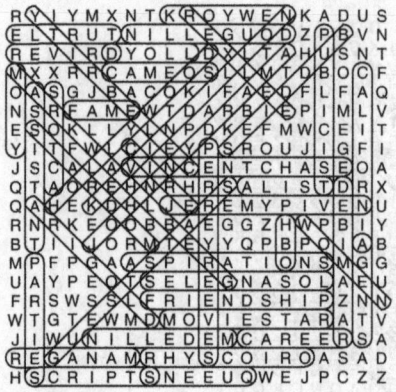

Entourage

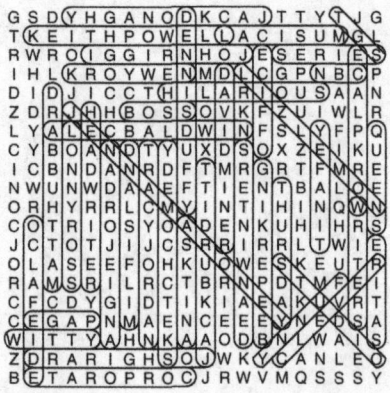

30 Rock

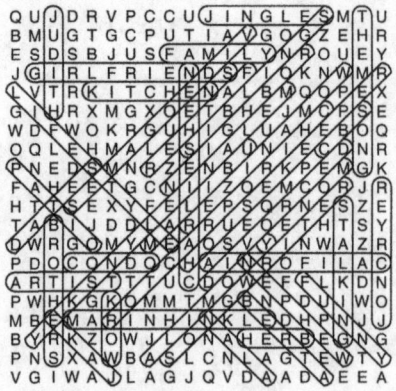

Two and a Half Men

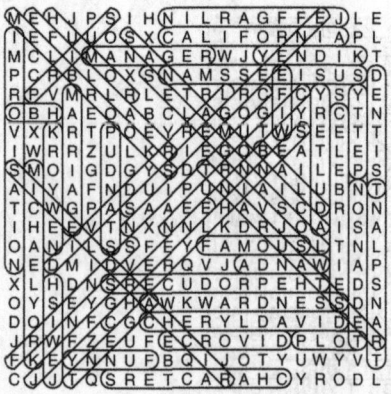

Curb Your Enthusiasm

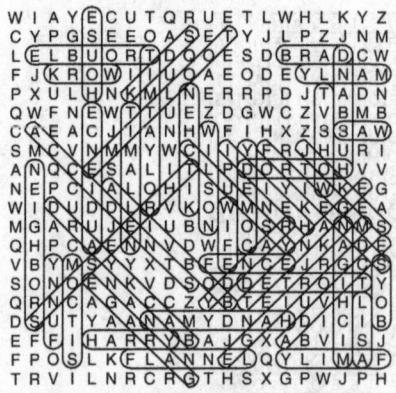

Home Improvement

Chapter 3: Sitcoms

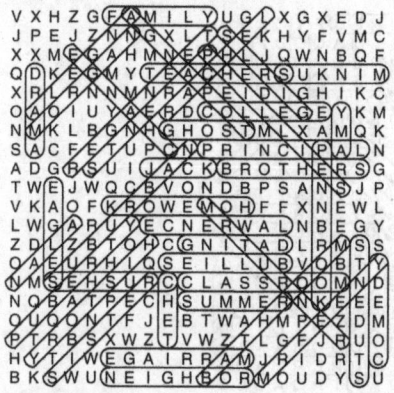

Boy Meets World

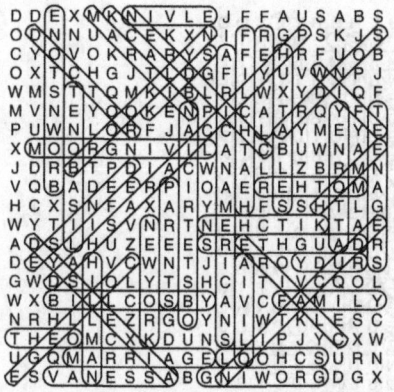

The Cosby Show

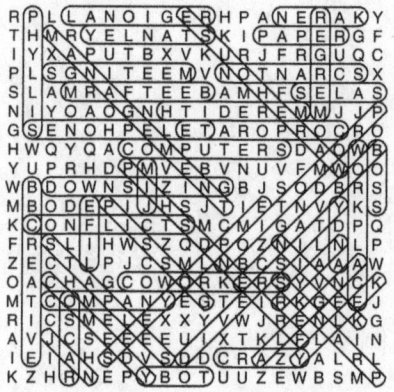

The Office

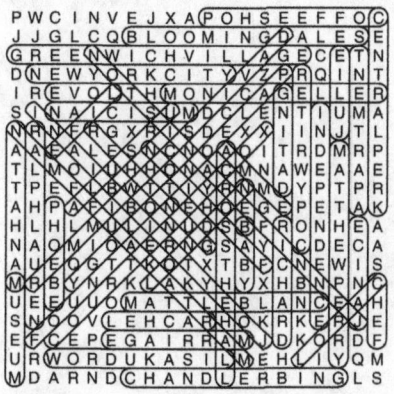

Friends

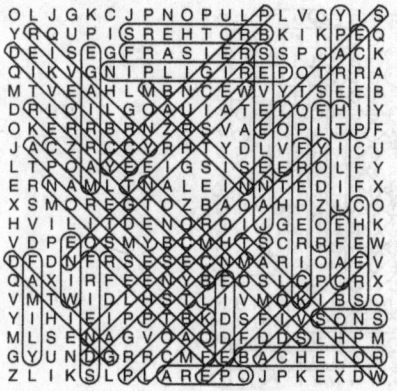

Frasier

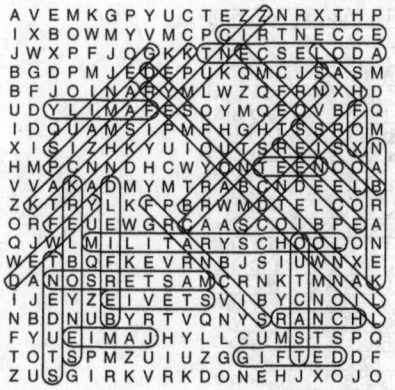

Malcolm in the Middle

Chapter 3: Sitcoms

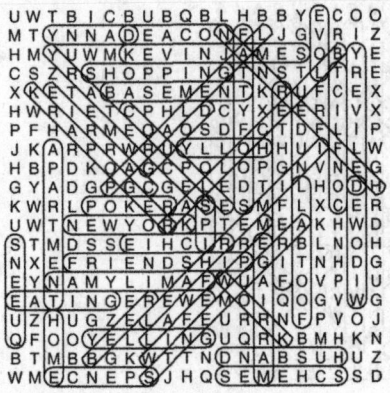

The King of Queens

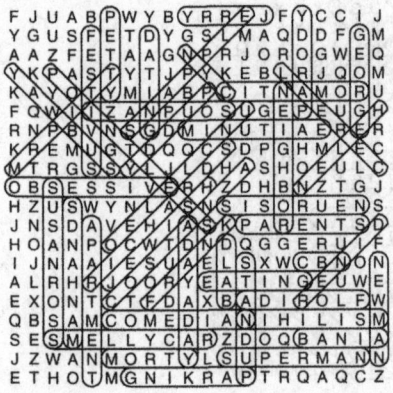

Seinfeld

Chapter 4: Cops and Detectives

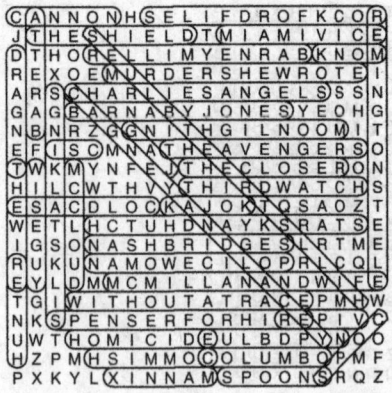

Crime Shows

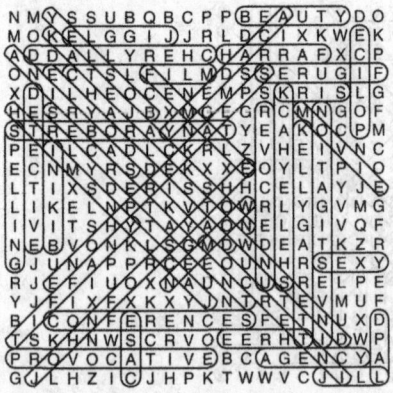

Charlie's Angels

Chapter 4: Cops and Detectives

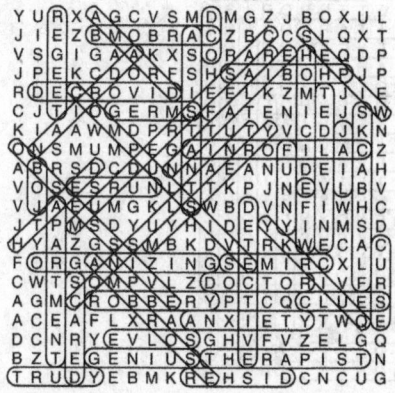

Monk

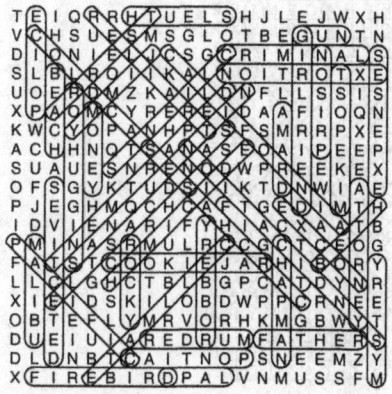

The Rockford Files

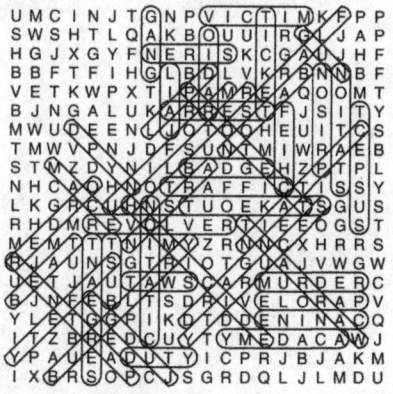

Police Words

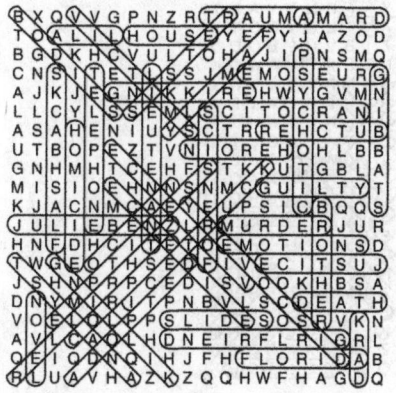

Dexter

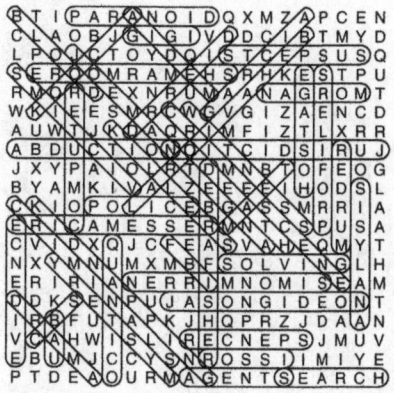

Criminal Minds

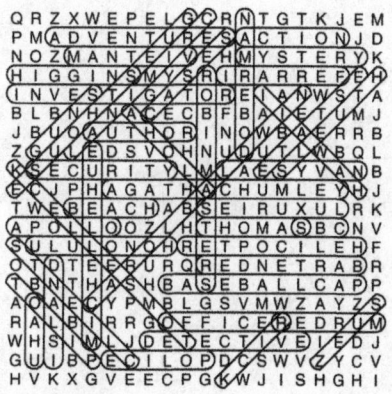

Magnum, P.I.

Chapter 4: Cops and Detectives

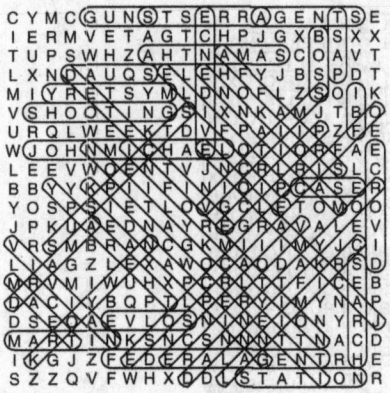

Without a Trace

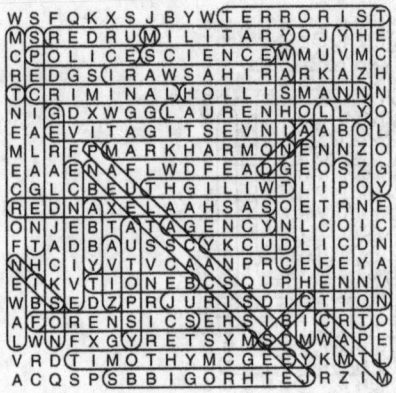

NCIS

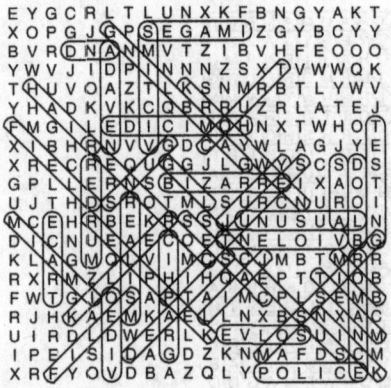

CSI: Crime Scene Investigation

Chapter 5: Medical Shows

Doctors on TV

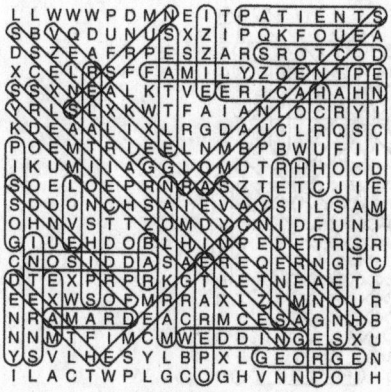

Grey's Anatomy

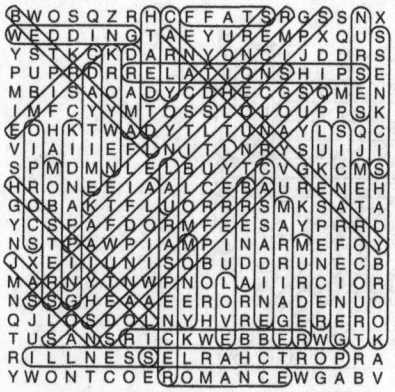

General Hospital

Scrubs

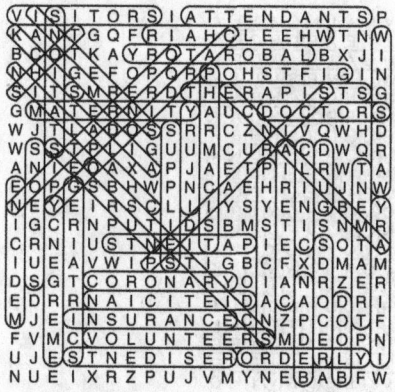

Hospital Words

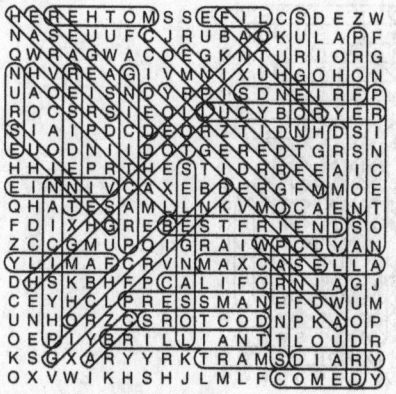

Doogie Howser

Chapter 5: Medical Shows

QWHQPWLBWEKVUHEJSDBH
DULKMLEMUVNWOTLLAMS
IVSNNLOMNSCOFYLECIC
LKOUROLANHHJLNIBROC
BZEFSATCIQEPEFDZOGTP
DJKEXIBGXGNAICISYHP
WKEEVWLKNYWNSLOVANCE
FBIEALYQCINACTOEMDZT
TPHTASQXLIHUHHRDHTCC
HNRGTRLDWSRSMKOOHYUR
ISDYLLEHSVJBAWLONGYE
TNIMLRLTCZDENWCTFASM
AWZWNDHARGGYCOHPZLUO
EOTEEMTBCOLEMIUEVCHT
NNSSSJBTEIPEANRCHKAE
ISRPSUOERCOETRJUSLZR
LUEVMRNAEYOEBKYDAANA
CNNGUUMTLBRHMBCSLMBQ
EJUTQZDQPOBZXPKYCOEN
FFHXIXYJBKGAMAGGIBCK

Northern Exposure

SIMAIMURPHYTQQRSJZFA
UREBLIWPUQGBEAUTYKKX
RWAPKATETINSLEYEINNA
GLACIDEMEYELSNEHNHOJ
EJSROTCODIAEYBQLRTLS
OUYDGYFRSHSSRWPAEZIJ
NLSLNCOKSEOOQHZSVUVN
SIGOIWMBIMARRPARRIQ
PAUIPMATTMCNAMARACAO
GNEHNMAAISBEMMNDCELL
YMGSAAADIKEESCAOEIOI
MCDLDNRCRNMLRRNHHRRV
IMUANXEUOMRLEHUATEDE
MABWIFDMSNKOIGENMLER
PHNNLQEROSUCFZNNSAEP
LOWAFXNETWORKICARVRL
ANALUFLORIDABOLRSYKA
NEDYMMOFEROOMAVAUOAT
TBYDVARBNAITSIRHCZLT
SEMAJDDOOWYLLOHOHPYF

Nip/Tuck

BPTBFCGWNCYVAAHUMORB
HCOZIXDOCTORSTUCYEOF
FJNTKCHOPPERSWAMPWBC
TBJGTLHBWZGOPUEPBBRY
TOEOEEIAZSPNYOASIWUA
MPEBSSBMPNEGIBRGHOSV
JLPGJFUHGLIOTTAAXEUF
SOSZABXIOEAAOHHTLKPV
NYRBSISANSBISGLGIRPL
WEEEHKBIMKPTNMNOILLZ
JOSQSORTAYNITBDDMEIU
SBUTRTTERKBTREOOREM
PBXNAULLTNUSAABBOASZ
QSLLOSSEXBUJNNLJCNZJ
TEGFAEERNPSLLOALWKIN
QPYZBQOSIOSEOMEDICAL
TQBNYNSUSLLDORDGPARQ
DGLFVWJOBEJOKCHARLES
RWJBXSCNLBRBCPAYRUAY
DVYEUCUBXHRDEATHYCSN

M*A*S*H

BWYXBBFWEDKYIUAQQQMN
OLPJOTDSSDBHGYVZJRXM
SROTCODRUGSETINJURYT
EKEOUSJBJLKCFELPOEPR
SLSTDHOSPITALDIYRYCLA
RSUSPXHMARIABELDLONOU
UCROTONYAMBULANCEAGM
NIGAYRCRYTESTNEDICCA
ZDEBTIAIDISEASEOPASA
ZERBOSRHLLENEERGKRAM
TMYYNETSCEENHRUAZCLA
LAYEYCESECHIWOCLGRLR
GRGBGGRKEIPAFHJUIAYD
AAOGACIHCULRSGTKNSFT
SPLDTBSSORGUODNATHIT
DZNXEKORTSWAGEINEZEB
EAEMSNOAHWYLERCARDLA
BJILLNESSTNEITAPNTDL
FQHXRJNYENICIDEMSWSW
ICIGQXJCCCMDTPSGCINA

ER

UMBMIMSIEJOHNFALSEYV
OMROSDREDNALHCSUAONB
RYZMSMHCLRHERDUVHYR
EJGYUTRVUSTNEITAPUUW
NFYDEGOSGNLHCAETHPAD
AFNESNINHCCITSIDAERJ
VAAMLNEAJUEAYREGRUSX
ATBOBGSORAFDNDPHWTRK
CSRCTYELYCINNCURELEN
XAUKOMRBEIKAAGELSSFT
CVMCEPMEDLMRHGIBTZMO
ERJASZETNEMBAGENPVSG
BEDLRIKRINEAIWELHGIP
OHHBODFWAAIUSDOSALTL
LTXNMFOELTSHINNELYUA
GUNRDHKENHISWKENLRAL
WLATIPSOHYEOOFEBKZQR
ODRVVQSITRAINSESRUNV
NOMRAHKRAMRWSSROTCOD
SNOEDIGNHOJGCRQSQXWG

St. Elsewhere

TNMRTBWSMCVDWLMQATLA
AIZUFKCMGJZTEARDROPS
MIDCFVSISONGAIDIXQPV
ROCHWYYMRYWLIMPSLLIP
TRMHTHESZTBENDPEHDNR
VLSPALLISONMFPTAHDAB
CLAZBSAOBSRCEDVSFHEP
XNCOPAEEWNRCAMERONN
HMPSBAKOHIAGTCRSISFN
KPANWBTTCMCEIGELEPOE
FBSZWPRIOZCNOTECNIRP
SIGUMEDPEPNCNJVFDTEL
NNFYBEPTUNBYOYXCXAMA
YJSOMMADOCTORSAWNLAK
SUBGERYUJHSSENLLIINT
DRNTESTSOGRSCUHCDEIT
OYGPVPXEUUPEDRTTOSAL
HVOUHCIBEHBSESAYCXPC
QXQIKXDDRAMABEECIFFO
PYILASVCKTVCESDRVIHQ

House

Chapter 6: Reality TV

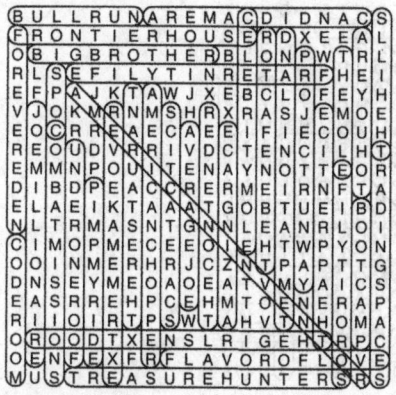

Reality Shows

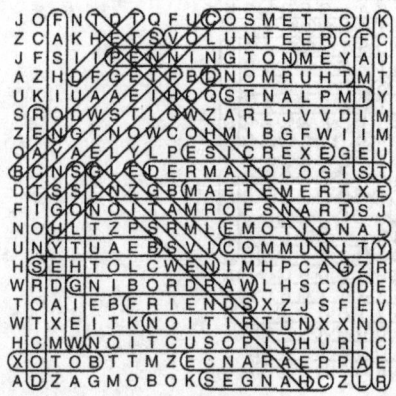

Extreme Makeover

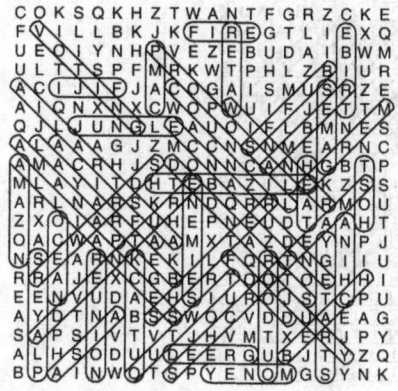

Survivor

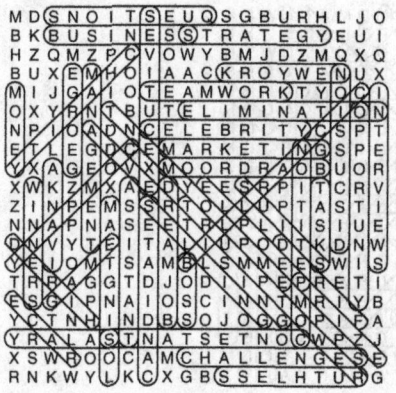

The Apprentice

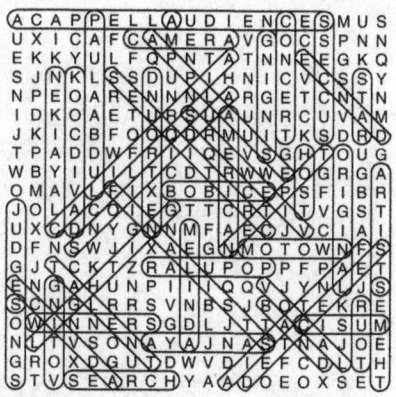

American Idol

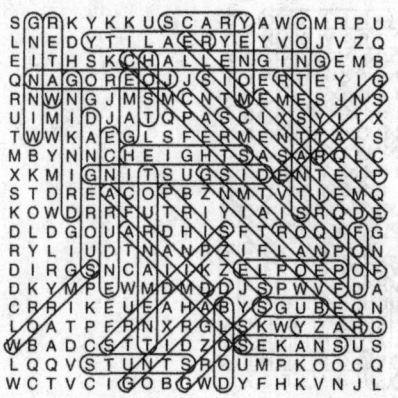

Fear Factor

Chapter 6: Reality TV

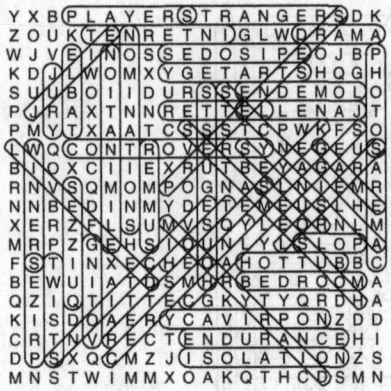

Big Brother

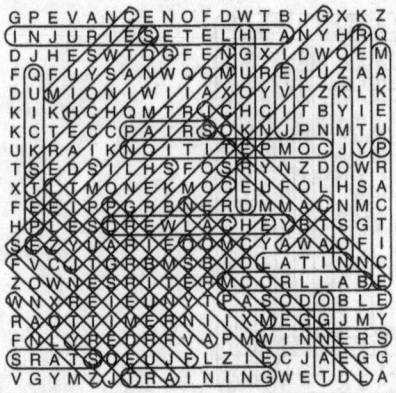

Dancing with the Stars

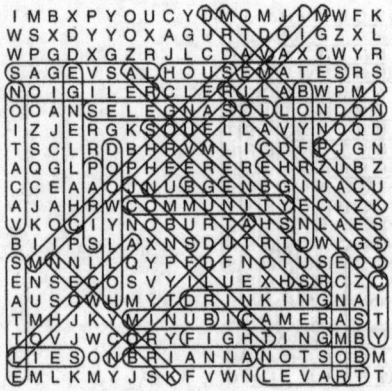

The Real World

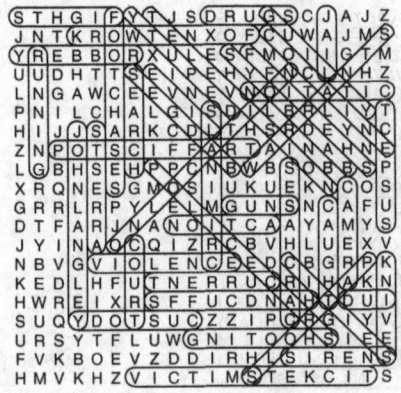

COPS

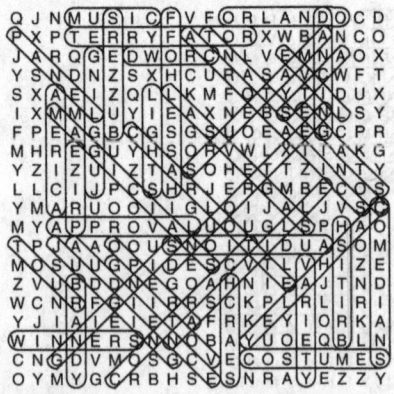

America's Got Talent

Chapter 7: Sci-Fi and Paranormal Shows

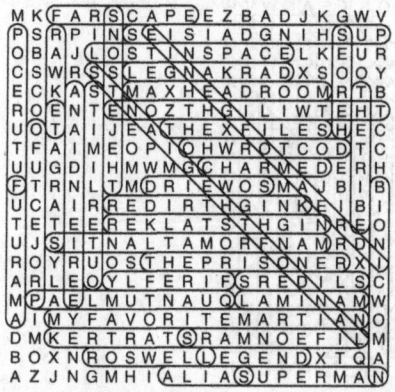

Supernatural Shows

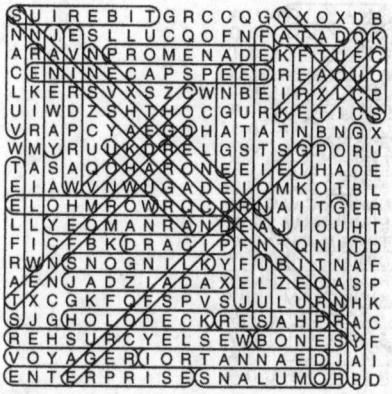

Star Trek

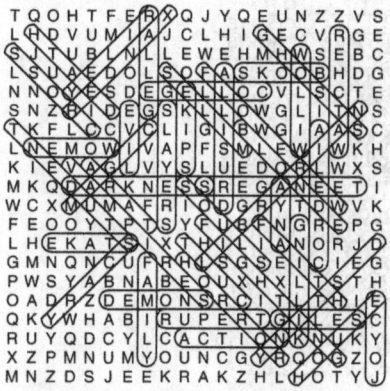

Buffy the Vampire Slayer

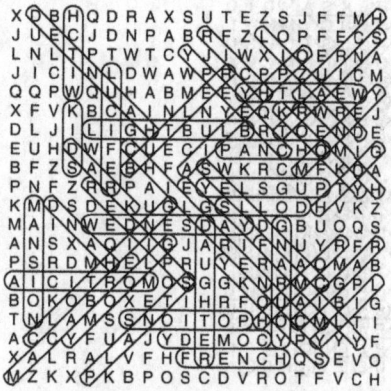

The Addams Family

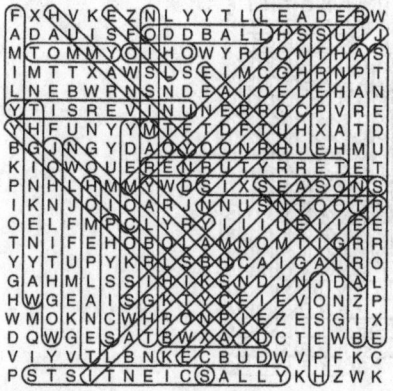

Third Rock from the Sun

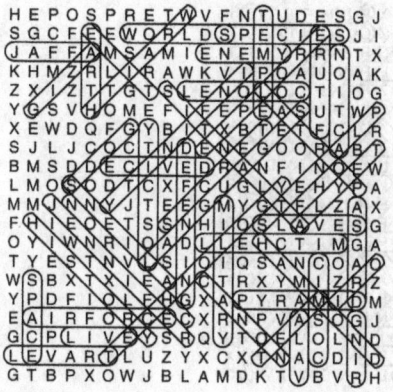

Stargate

Chapter 7: Sci-Fi and Paranormal Shows

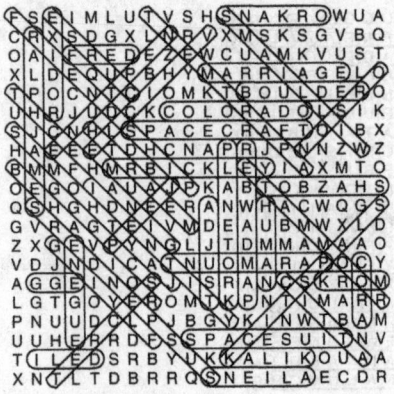

Mork & Mindy

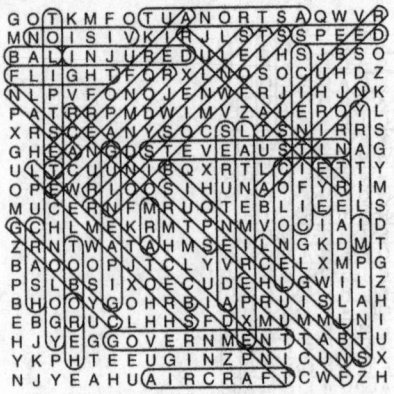

The Six Million Dollar Man

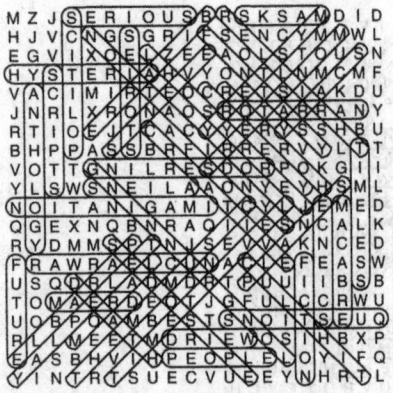

The Twilight Zone

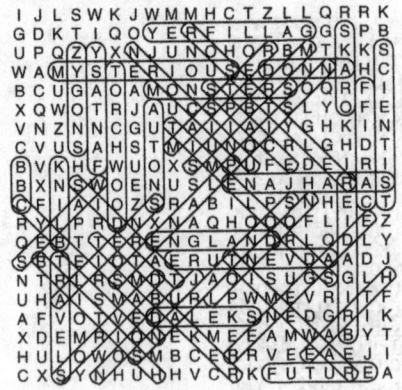

Doctor Who

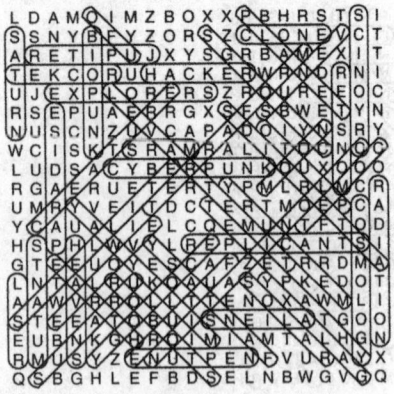

Sci-Fi Themes

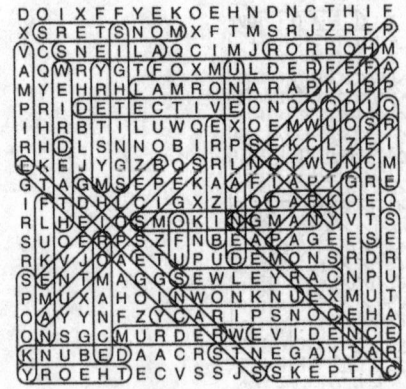

The X-Files

Chapter 8: Animated TV

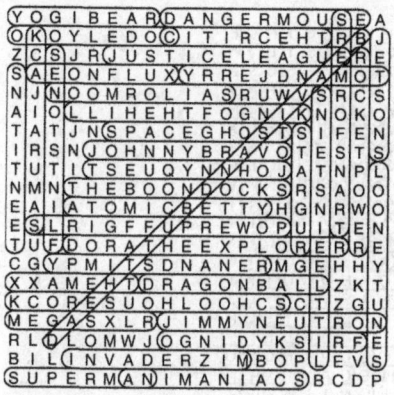

Animated Shows

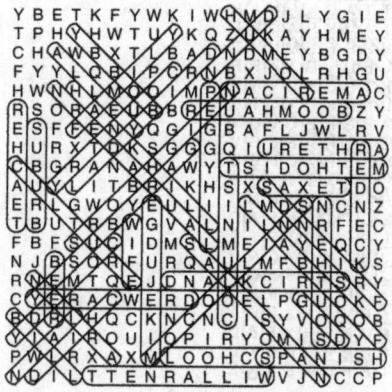

King of the Hill

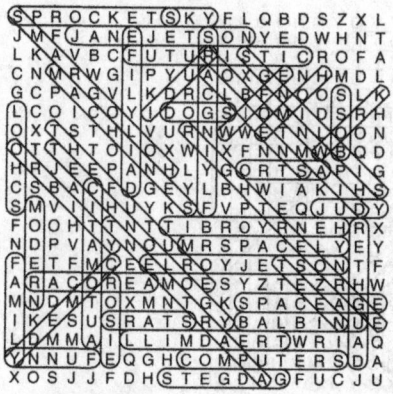

The Jetsons

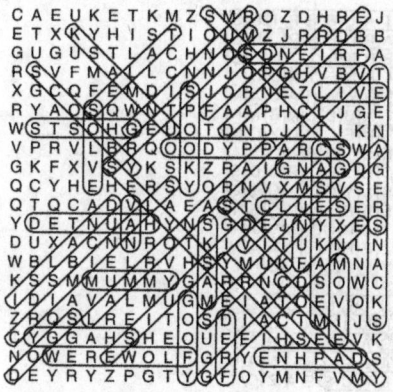

Scooby-Doo

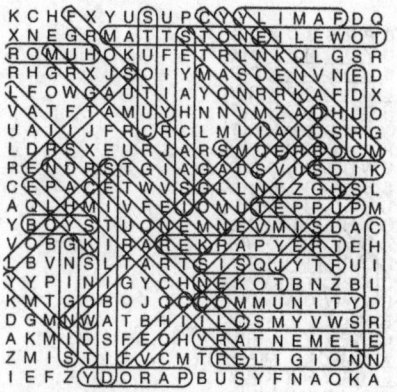

South Park

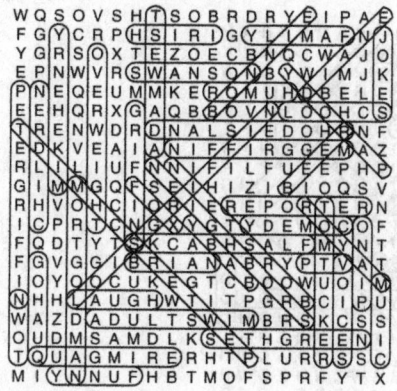

Family Guy

Chapter 8: Animated TV

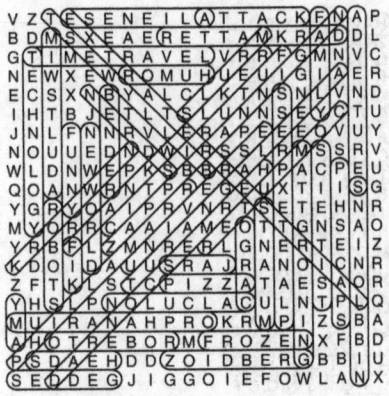

Futurama

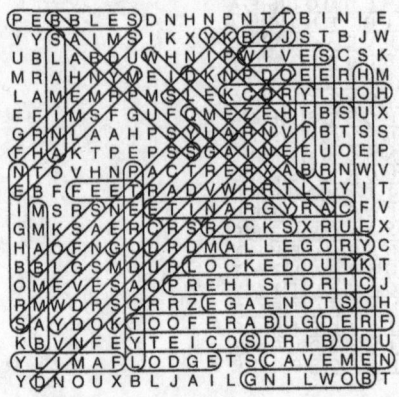

The Flintstones

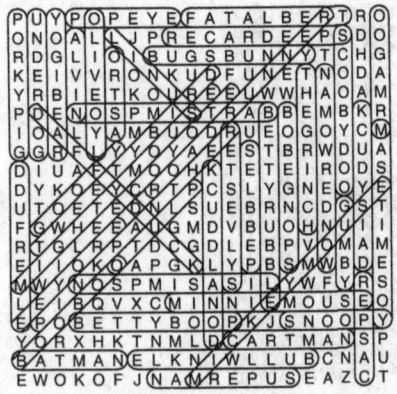

Cartoon Characters

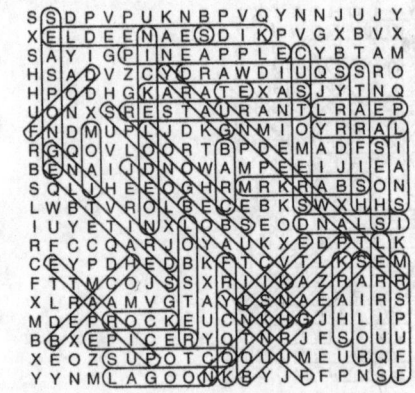

SpongeBob SquarePants

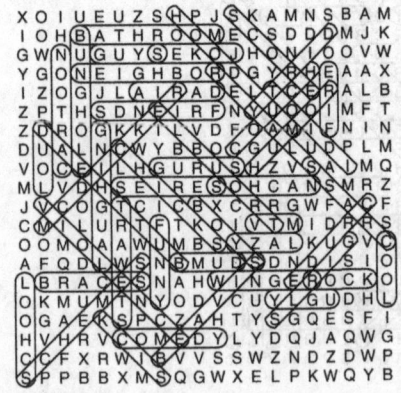

Beavis and Butthead

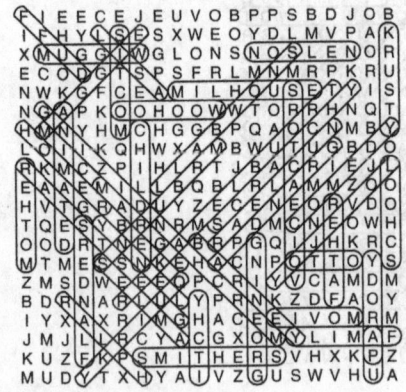

The Simpsons

Chapter 8: Animated TV

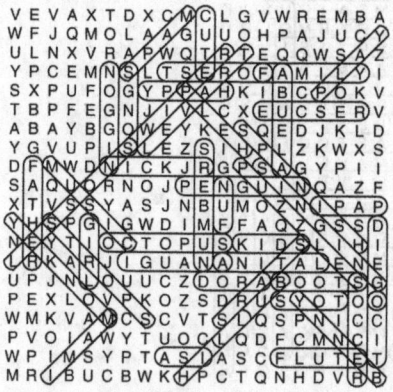

Dora the Explorer

Chapter 9: Sports on TV

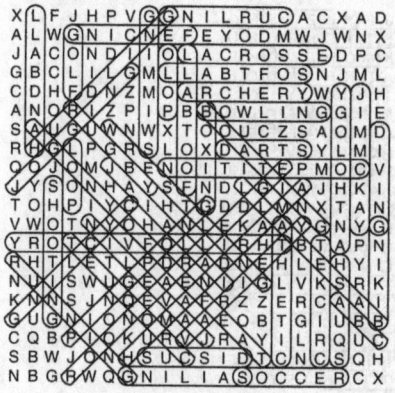

Wide World of Sports

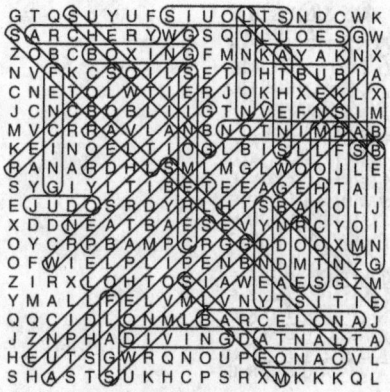

Summer Olympics

Chapter 9: Sports on TV

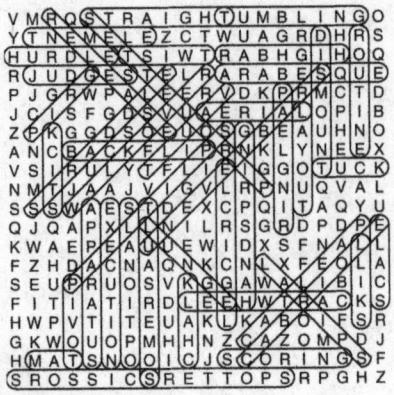

Gymnastics

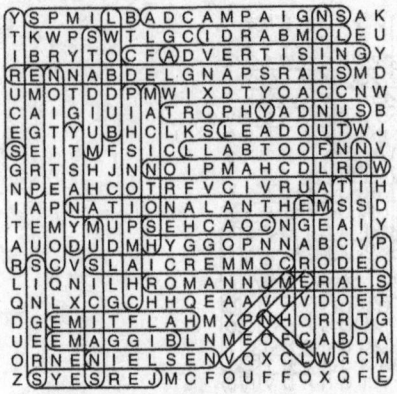

Super Bowl

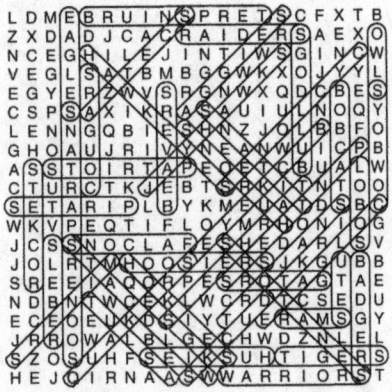

College Teams

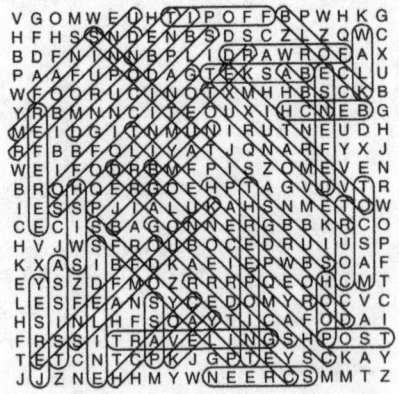

Basketball Words

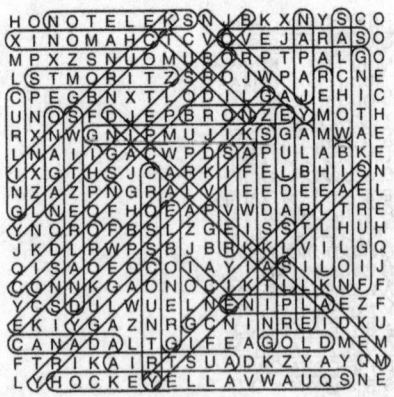

Winter Olympics

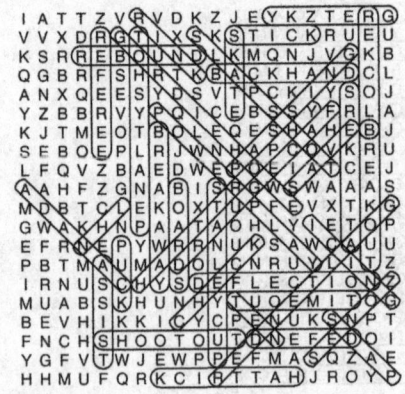

Hockey

Chapter 9: Sports on TV

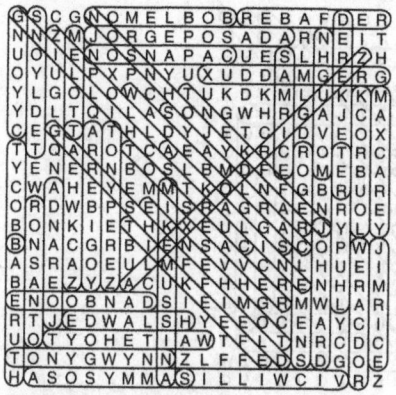

Baseball Players

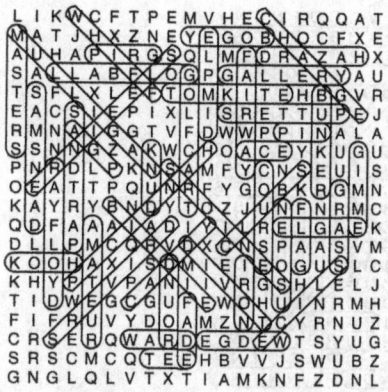

Golf

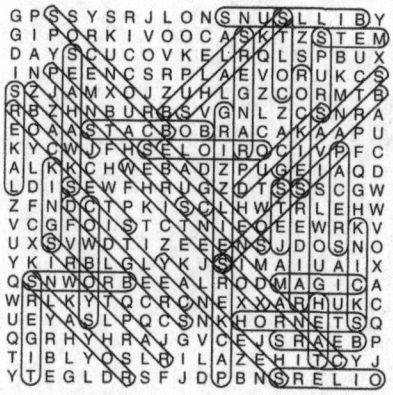

Pro Teams

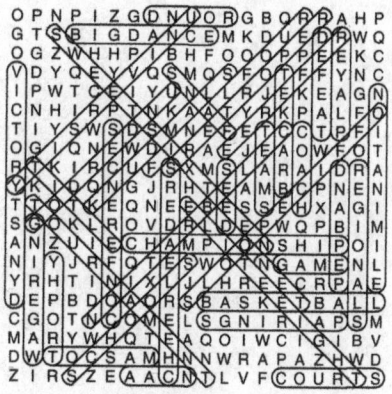

March Madness

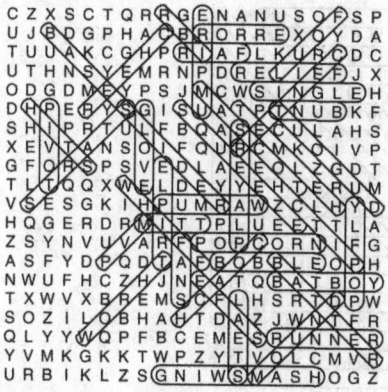

Baseball Words

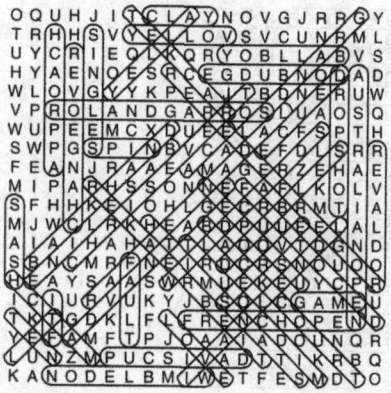

Tennis

Chapter 9: Sports on TV

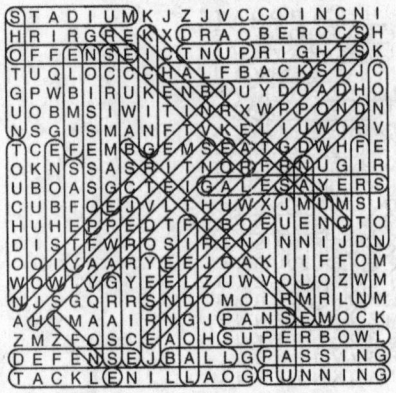

Football

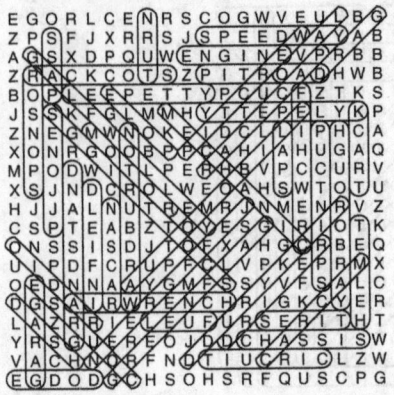

NASCAR

Chapter 10: TV Through the Years

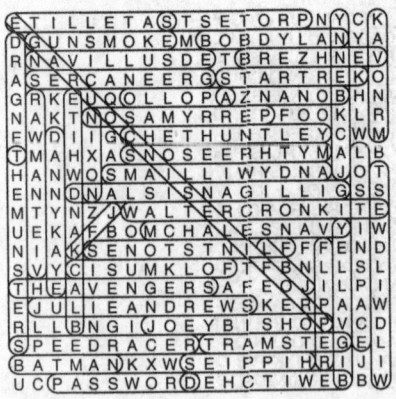

1960s TV

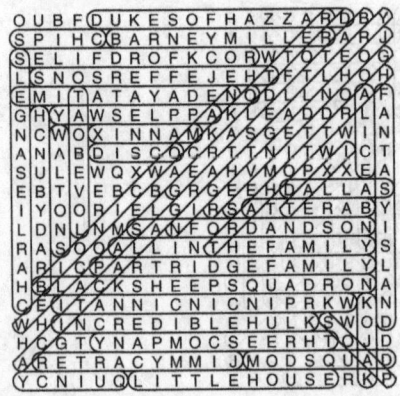

1970s TV

Chapter 10: TV Through the Years

1980s TV

1990s TV

2000s TV

Western Life, Past and Present

Game Shows, Past and Present

Chapter 11: TV Stars

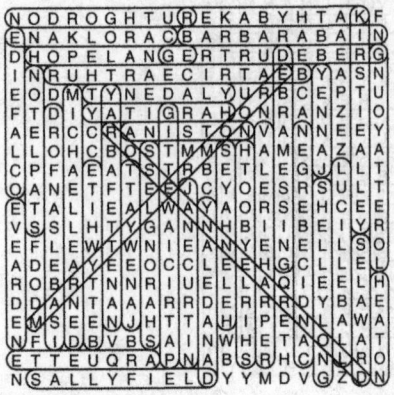

Actresses

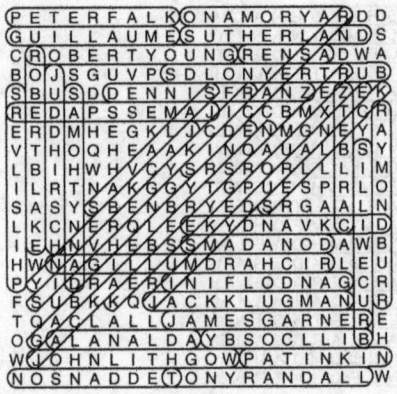

Actors

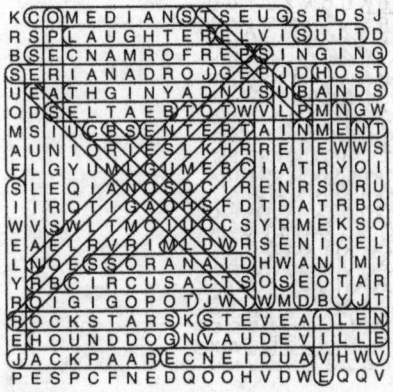

The Ed Sullivan Show

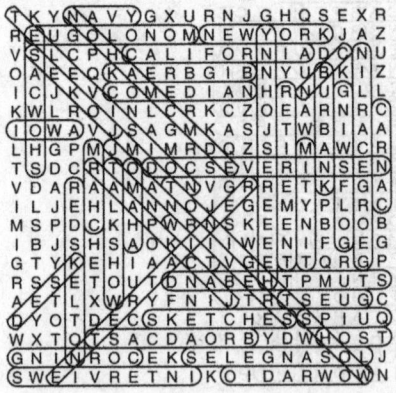

Johnny Carson

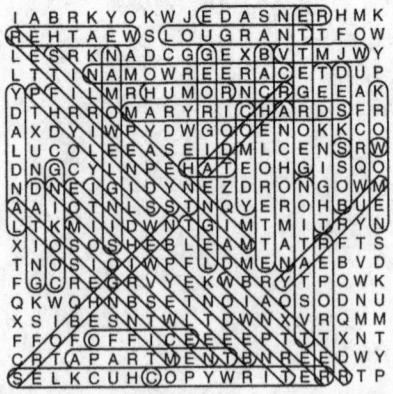

The Mary Tyler Moore Show

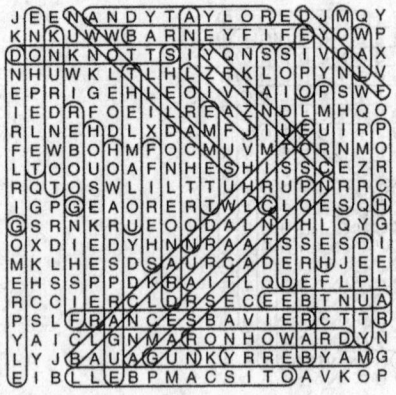

The Andy Griffith Show

Chapter 11: TV Stars

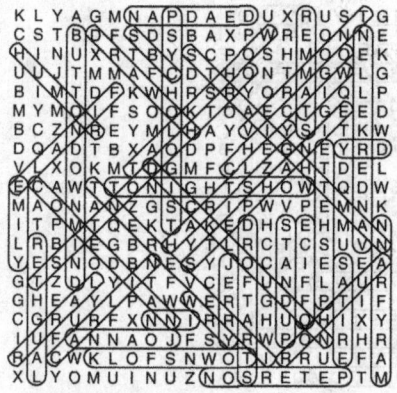

Bob Newhart

Chapter 12: TV Trivia

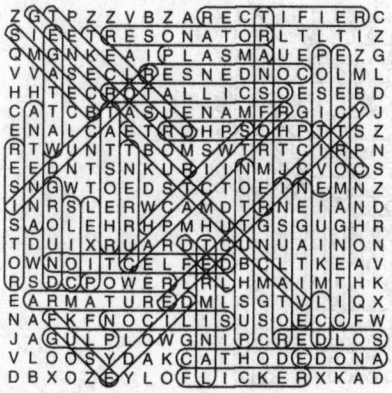

Electronics

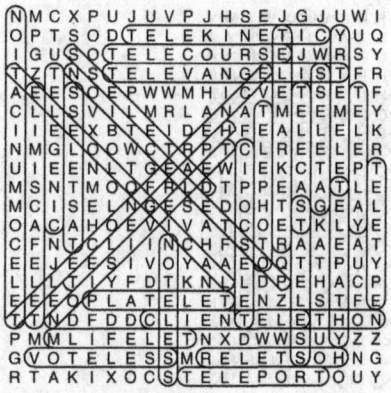

TELE- Words

Chapter 12: TV Trivia

F S U Y X L T S N S Q N W U J O P H W Y
M H S O O P M A H S E L K C I P A S T A
Z O N E L G I B C A T F O O D T O Y S I
V E I E C I U J T R B B U D L N S K W S
V S M U S T A R D E A F A R D V R S J S
M K A U J M B K T M B M K D N I E C E E
Z S T Y F P I Z Z A Y L Q G O I S I W I
C K I G D R M R I C F B F C K S T N E V
Y N V N H C E M K O O M R O C C A U L O
U I E O V P A P A T O E O I J S U L R M
C R A C K E R S N U D C N D A E R B Y E
B D N O R B S E L I B O M O T U A A W D
A X N C L J G T T B R S S K C A N S C I
N R E E B R U C M T R I T S E H T O L C
K C V S E M A L C E N O O D L E S Z G I
I B T T K R I E N I N S U R A N C E S N
N K E K D E L A S R E T U P M O O X Z E
G D Z S A E E M C V F A S T F O O D C Y
C Q P H H L F Y F X E Q P T M F Y L M J
F L F I C A N D Y C Y L Y S H V S W F E

Sold on TV

J Y G R A P H I C S T E R Y I Y E K D P
Q U R E N N U R E X I M B E C L L O N N
H L V H I I U Y E T T A M F A F P L U F
P N W P U B L I C I S T D E S O P M O C
V V O A H M B T I T L E S P T O H O S D
T L A R M R M O O B N A E R I N L C S M
X O U G Y D E N Y G R C E O N Y A R B T
Y Q U O N H O F L B I E I D G R C E X B
Z A O T E H C S F A Y D H U P E I H V M
E H E A E G E O L A S I L C I L N C X L
O A T M R D V E O H G T O T R L H T I K
M A L E C I F M O R C O I I G A C I V R
T L Q N S F T A R A D R W O R G E W O E
R S I I E P K K M X E I K N A E T S Y T
R Y O C U K O E A S T U N T S D C S E I
P N T K L A R U N O P E R A T O R T L B
K S X Q B A M P A A S S I S T A N T O W
C Y R S A G U L G S E M U T S O C H F B
W S E Q U E N C E A E U T S I T R A J Y
W L L U C O N T R O L R O O M Q I L B A

TV Crew

C J M F L K T L F Q A O U G I V K M P A
H J Y T F U P N Q K Q R G P P F W O Q U
Q Y H B O L A R T N E C Y D E M O C M E
M N K R O W T E N A S U P Y T C I N R F
S V E N D N A L V T I R T V T H T I A F
N M Y E N S I D I E Q I R M P A X T V I
B H A L E N N A H C L E V A R T N L N O
C J N L T Z A H Z A V Y R E V O C S I D
N F I E W N P S E T H G T V B O U H C U
B Q M N O C A R T O O N N E T W O R K X
C P A N R B X R K E L P E I V O M E E Y
U T L A K O U P G O L F C H A N N E L F
N K P H F O B L O O M B E R G I Z S O O
I R L C C S A F H N J B T U I O W T D X
V A A I I J N V K L I F E T I M E V W E Y
I M N F O U T D O O R C H A N N E L O G
S L E I N S H T Y G Y J V X E R O C W E
I L T C E C C E M I T W O H S B Y D B N
O A V S I B E B G Z M E Y Q B Y A L P S
N H V Z R A T S N Q G J A C I X V Y V S

Channels

T M Q Z T S T D K A K Y H V F T A D G G
J H L K E U Y J D U K Z G D W Z D N X J
F J J O P L E A X W Z R X P B E D T E E
T B Z U U D B Z N L N T Q A N E S T L E
J F W H D I E L T G U M N L B C V W H F
Y L C F L E E C E E T S U R T M N X X C
N B M Y U E D I R E H Z I D E E W U U A
H V U G N E K O V E K S E S E T O J Y G
E W Z I D U G E E N E I L W H T C W P Y
H E A T R Q E T E E R G A R R W T H W I
L R S Y E R F E E B B Q E E D S E I C Y
T Z C E G A U P A W N E E F P M H L O B
Y W L E R W O Z N R H E E B I A Z W O L
E G U D T O G F G I B R T C H L S J B L
L I R M H S E F W L Q P V W C W N U U Z
M W T W E G R K M U C S X F M F R X J X
Y H Y R E O E K V R F S L X J Q S Q T W
B L S E D H E Z S S O Y D Y T R W P T Q
L Y Y V Q Y J G A N S L P L G B G A R A
R R A A Z F F T C E N K K R K R A M G U

Rhymes with TV

Y N O A K J G A X V F N C V H X W I M Y
K K S D R R E A D I D Z A S H S L F Y A
O L S H A P C B A X C O M N U V U N N P
P D A Y W U F O R X H F X D A C E L R E
C Q K E D Z M W N I H L Y L H L X O B L
S L Y L T N L E E T G D S S N O O R A M
D C A L I C U L Z N R H I T N E M G I P
B Q B O N L E G T N A A T Z N H E L D E
P D A W U B J R R D O O S N E Q U S I A
W M J Y U E S I O U G R U T E N M O G C
K K M E U U W W O J B G B A R S J O I O
Z H F D M A M T W L E M O P G I S S T C
G K X N P A Q S A U O C O L O R T R A K
Z C P Z S D G C H S J H T E D X G R L L
V T S K I C K E W U H N E I T I Y E D N
J K P T E O A I N M P B X V O I G Y E N
E I I N N M R N Y T M A I D I N N U A X
X N Z K N C I I N A A X C E A L A I G N
T W O B A K B L S E E Z Z B X P O S R L
V T K T O Q C R Y Y D X O M Z K V I U T

Color TV

E R M X N M L B P N X S Z T C S Y F I K
K H S O G J U E O G I D T K B F M B M Y
Y T A R G E T N E F A C S E N O U O K Y
B H F E L X A M L C R O S O F T D D A Y
A E I X O C T S O C I T M Y E N S I D E
L G Z Q P J Y L K U B T B Q E E J I O P
S A M S U N G I X U L E I T B C S M K J
E P T Y H A U T Y E K I N G P U Z W C G
A N N E T S B U D W E I S E R C M S W D
R Q I E Y H L I F T N I N S M O K Y E E C
S N R X M Q I N A S O N Y E R C U L B U
Z O P P A Q Y T M X E O T I T E A L C F Q
N K S E F P S E W Y T L S T Z C N A S S
Y I U D P L P L X R I D P E I O O T A K
Y A R I I S L I A F R L U L F L Z S U P
Y Q M A Y P I M E O T L Z L P A I A Y F
W S S N C K L C N E T F L I X Q R D S T
T O Y O T A V F O O W A L G R E E N G Y
A V B M W F Y K D M M M T H F H V O P B
Z E M B K P B P U D Q O K Q F E S H C G

Advertisers

Chapter 13: TV Award Winners

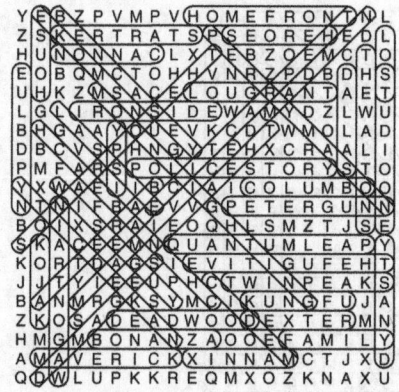

Drama Emmy Winners and Nominees

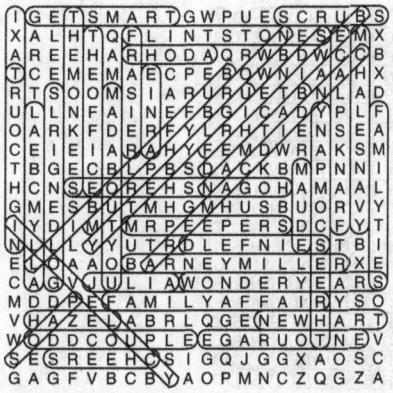

Comedy Emmy Winners and Nominees

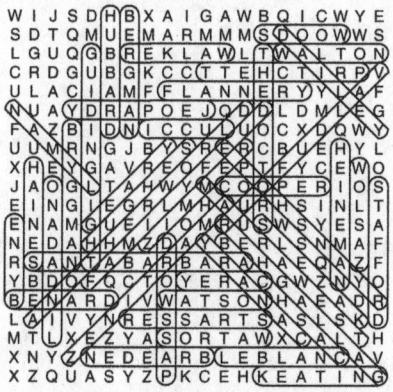

Daytime Emmy Winners

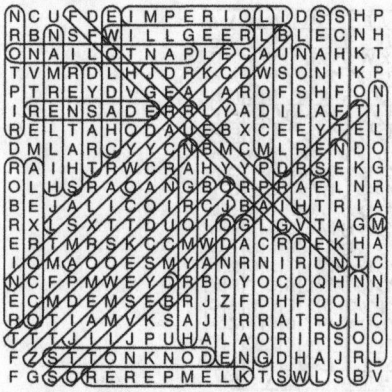

Supporting Actor Emmy Winners

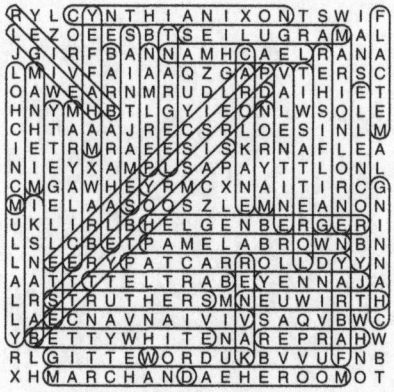

Supporting Actress Emmy Winners

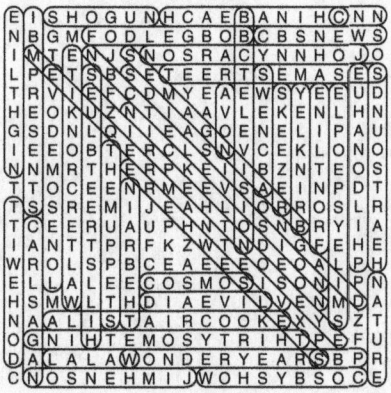

Peabody Winners in the 1980s

Chapter 13: TV Award Winners

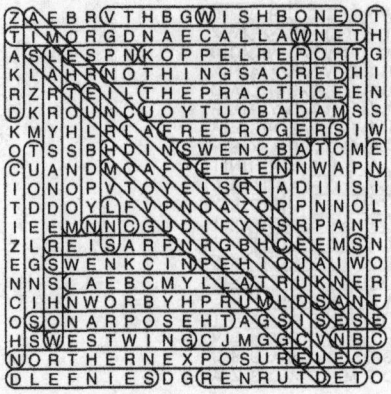

Peabody Winners in the 1990s

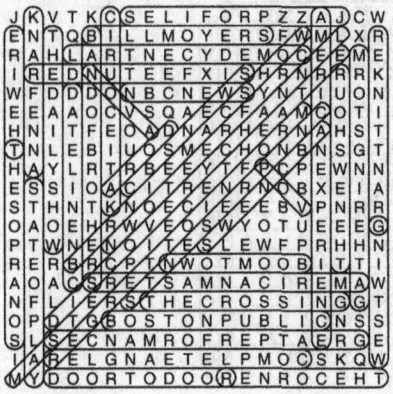

Peabody Winners, 2000–2004

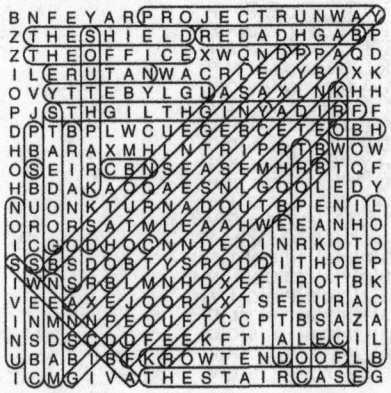

Peabody Winners, 2005–2007